有数

用冷静的数据思维
解复杂的商业问题

王曦 著

电子工业出版社
Publishing House of Electronics Industry
北京·BEIJING

图书在版编目（ＣＩＰ）数据

有数：用冷静的数据思维 解复杂的商业问题 ／ 王曦著 . —北京：电子工业
出版社，2022.10

ISBN 978-7-121-44361-9

Ⅰ . ①有… Ⅱ . ①王… Ⅲ . ①企业管理－数据管理－研究 Ⅳ . ① F272.7

中国版本图书馆 CIP 数据核字（2022）第 183044 号

责任编辑：张振宇 特约编辑：田学清

印　　刷：北京捷迅佳彩印刷有限公司

装　　订：北京捷迅佳彩印刷有限公司

出版发行：电子工业出版社

　　　　　北京市海淀区万寿路 173 信箱　　　邮编：100036

开　　本：880×1230　1/32　印张：8.75　　字数：311 千字

版　　次：2022 年 10 月第 1 版

印　　次：2023 年 1 月第 2 次印刷

定　　价：78.00 元

序

　　人类社会正在加速迈入数字经济的新时代。数字经济是继农业经济、工业经济之后的新经济形态，代表新的生产力，具有超强的发展韧性和蓬勃的生机与活力。近年来，数字经济一直保持着快速的发展态势。2020年，中国信息通信研究院测算的全球47个国家的数字经济增加值规模达到32.6万亿美元，同比名义增长3.0%，占GDP比重为43.7%，而同期47个国家GDP平均同比名义增速为-2.8%，数字经济成为拉动全球经济复苏的重要动能。从2012年到2021年，我国数字经济规模从11万亿元增长到超45万亿元，总量连续数年稳居世界第二，且与第一名的差距在不断缩小，数字经济占GDP的比重由21.6%提升至39.8%，成为经济增长的重要引擎，有力地支撑和引领着经济的高质量发展。

　　数字经济正在开启一场划时代的巨变，将深刻重塑政治、经济、社会、文化、军事格局，对个人生活消费、企业生产经营、国家繁荣昌盛等都会产生重大而深远的影响。从经济形态这个以百年为时间尺度的大历史视角来看，发展数字经济的一个核心要素是能否最大化地开发与利用数据这一关键生产要素的价值。工业革命以来，各个国家的发展经验表明，谁掌握了资本这一关键生产要素价值化的密码和主导权，谁就掌控了全球经济命脉和发展的话语权。在数字经济时代，谁掌握了数据价值化的密码和主导权，谁就有可能在未来百年的发展和竞争中掌握主动权。

当前，全球范围内的数字化进程全面加快，数字化成为第四次工业革命的主要方向，其本质是以数据为核心要素所驱动的创新模式与资源配置方式的变革，通过对物理世界实时数据的采集、传输、处理、分析、决策与反馈控制，形成数据驱动的智能优化闭环，作用于经济社会的全流程、全环节，推动产品研发、生产制造、商业服务、企业形态、产业组织和价值规律的深刻变化，实现各个行业的效率提升、价值增长与敏捷性提高，从而提升全要素生产率，塑造经济高质量发展的强大动能。

从企业层面而言，基于数据驱动，它可以实现更快速与定制化的新产品和新服务的开发、更高效与更柔性的生产和交付、更敏捷的市场感知和反应、更精准与更个性化的广告和营销、更韧性与更弹性的供应链管理、更快与更有效的全局性运营管理决策。而且，数据不只是在一两个企业、一两个价值环节、一两个行业中创造价值，而是广泛渗透到了几乎所有企业、所有价值环节、所有行业中，普遍地创造价值。数据价值创造的这种广泛性、渗透性和全局性等特点，使数据不仅是一种战略资源，更是一种能够与资本、劳动力、技术、知识等并列的关键生产要素，可以进入并改变经济的生产函数，为经济带来广泛而深远的影响。

关于数据，一个重要而有价值的认识是看清数据的资源和要素双重属性的联系和区别。生产要素有着比战略资源更高的要求、更多的规定和更广泛的内容。生产要素是能产生价值（价值性）、能在经济社会的所有领域广泛应用（广泛性、渗透性），并能给要素持有者带来收益（收益性、分配性）的基础战略资源。人类社会发展至今，资源多种多样，但公认的要素主要是土地、资本、人才、技术和数据（知识）等几类。与生产要素的基础性、广泛性、分配性等特点相适应，对数据生产要素的认识和价值开发，应该从社会再生产过程的大视角来展开，关注数据本身的生产、分配、交换和消费的再生产过程及数据在整个经济社会再生产过程中的作用。

我国高度重视从生产要素的角度来认识和释放数据的价值。党的十九届四中全会提出"健全劳动、资本、土地、知识、技术、管理、数据等生产要素由市场评价贡献、按贡献决定报酬的机制"。首次明确了数据作为生产要素的基本定位。2020年，《关于构建更加完善的要素市场化配置体制机制的意见》《关于新时代加快完善社会主义市场经济体制的意见》强调推动数据要素市场化配置。关于激发数据要素价值，我国构建了从数据生产、市场化交换、分配到应用消费的完整政策体系。在激活数据价值的完整链条中，宏观和微观两个方面的部署和推进都极为重要。在宏观层面，数据确权、定价等基础制度的确立是关键。这些基础制度的突破，既可以推动数据市场化、合法合规流通，跨企业、跨产业创造更大的价值，还可以解决数据分配问题，为市场主体参与数据价值开发提供足够的激励。在微观层面，提升每个企业的数据思维和数据能力是关键，只有千千万万的微观市场主体具备了足够强大的数据思维和能力，数据的推广和应用才有现实基础。对于前者，国家正在加快推进数据基础制度创新，加快培育数据要素市场；对于后者，需要千千万万的市场主体发挥主观能动性，也需要更多有价值的真知灼见加以引导。

王曦博士的《有数——用冷静的数据思维 解复杂的商业问题》这本书以轻松易懂的语言，聚焦数据和数据思维如何帮助企业赢得市场、精细运营、抵御风险、管理团队和驱动业务创新，把商业决策的基本规律与数据思维的基本要素结合起来，总结出典型而高频的14条数据思维的核心逻辑，为企业家、管理者、工程师等从商业经济角度理解数据价值开发提供了新工具和新视角。书中对数据思维的阐述和分析非常全面，相信可以为市场主体数据思维和能力的培养提供有价值的参考。

数据驱动的智能化为经济社会各个领域的创新发展提供了新的范式，但全面释放数据的潜力还任重而道远，目前还只是初期阶段，需要技术、产业、法规与监管、人才等各个方面的进一步突破，这样才能真正建立企业、行业乃至国家的数据优势。同时，如书中指出的"科学属性是一切数据思维的底线"，培育正确的数据思维，殊为关键。

余晓晖
中国信息通信研究院院长

目录 CONTENTS

序 章

您在如此重要的事情上寻求我的建议，

很抱歉我无法替您做出判断，

但是如果您愿意，

我会告诉您如何做出判断。

——本杰明·富兰克林

01

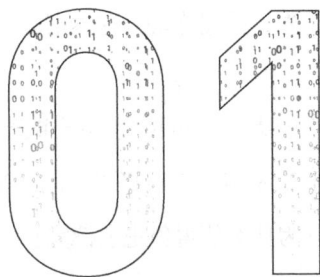

用最冷静的数据思维
解最复杂的商业问题

首先，感谢你翻开这本书。

既然来了，就请安心落座，想要插上"数据思维"的翅膀，我们不妨先用一组数据来开场，来看看为什么我要写这本书，也说说它为什么值得你把它读完。

2008年

中国GDP的增速为9.7%（世界银行国民经济核算数据，下同）。这是我们在连续5年保持两位数增速之后，第一次回落到10%以内，但32万亿元人民币的GDP总值已经是千禧年（2000年）时的3倍了，也让我们从世纪之交时的世界第六，飙升到了全球第三。同样在这一年，学习数学和统计学的我从大学毕业，而伴随着北京奥林匹克运动会圣火一起点燃的，还有一个叫作"大数据"的新概念。

2010年

中国GDP的增速为10.6%。GDP总值超越日本，第一次成为全球第二大经济体，这也是迄今为止，我们最后一次出现两位数的GDP增速了。

2012年

中国GDP的增速为7.9%。同年的达沃斯世界经济论坛，第一次把数据定义为一种"新的经济资产类别,就像货币或黄金一样"。也是在这一年,淘宝网和天猫年度总交易额首次突破1万亿元,相当于同期全国社会消费品零售总额的5.4%,数字化的线上经济已开始向传统零售业发起颠覆之战。

2014年

中国GDP的增速为7.4%。"大数据"首次出现在我国当年的政府工作报告中。德国政府提出"工业4.0"战略,利用数字化、信息化技术促进工业产业的变革。

2016年

中国GDP的增速为6.8%。随着经济增速持续下行,为了真正启动内需、寻找实现高质量经济发展的新路径,国家提出"供给侧结构性改革",在适度扩大总需求的同时,去产能、去库存、去杠杆、降成本、补短板。这一年,京东商城超过85%的自营商品已经能够实现当日达和次日达配送,"京东速度"成了许多电商平台的标杆。也是在被称作"人工智能元年"的这一年,我回国创业,用数据算法赋能企业的精细化运营成为我的一份事业。

2018年

中国GDP的增速为6.7%。2017年11月,经李克强总理签批,国务院日前印发《关于深化"互联网+先进制造业"发展工业互联网的指导意见》,让我国以数据为基础资源和创新引擎的工业互联网建设，有了纲领性文件。与此同时，世界经济论坛和麦肯锡咨询公司在2018年联合推出了"灯塔工厂"标准，在全球范围内遴选"数字化制造"的示范者。

2020年

中国GDP的增速为2.2%。增速虽然进一步放缓，但是在新冠肺炎疫情的大环境下，我们是全球实现经济正增长的主要经济体之一，GDP总值首次突破100万亿元人民币大关。这一年，全国社会消费品零售总额达39.2万亿元，成为世界第二大消费市场，但增速也持续放缓，全国线上零售交易额复合增长率相比2008年的40%以上，已经下降到了11%。

2022年（截至3月）

中国GDP的预期增速为5.5%。国务院印发的《"十四五"数字经济发展规划》中指出"以数据为关键要素，以数字技术与实体经济深度融合为主线"，"协同推进数字产业化和产业数字化，赋能传统产业转型升级"。

············

14个年头，如白驹过隙，长河一瞬，但这14年也让我从一个数字技术的应用者转变为产业升级的服务者，并且亲身经历了数据作为全新的生产资料所面对的需求变迁。而上面所列举的一系列数据背后，有3个需求的出现让我感触颇深，我把它们分别称为："数据驱动"的需求、"精耕细作"的需求，以及"打破围城"的需求。

首先是"数据驱动"的需求。自从大数据的概念出现、数据被定义为一种新的经济资产开始，随处可见的都是围绕数字化的建设和巨大的投入，数字经济上升为国家战略，而从年营业额几百上千万元的小微企业到百亿千亿元市值的行业巨头，数字化转型"不翻身就翻船"已经慢慢变成了一种共识，首席信息官（CIO）、首席数据官（CDO）也已经成为高管序列中的常规配置。

但数据正在成为一种新的生产资料，就像动物为过冬准备的粮草，也像我们为战斗积累的弹药，没有它打不了胜仗，但光有它，同样也打不了胜仗。越来越多的企业领导者和管理者，已经不再满足基于数据的信息采集、管理和可视化，也不希望数据的价值只停留在趋势的分析和规律的挖掘上，而希望通过"数据驱动"的方式，从宏观上让经济更稳健、结构更健康，从微观上让企业降本增效、在危机中也能避免大过剩与大浪费的出现。这就引出了第二个需求："精耕细作"。

从上述14年的GDP数字中不难看出，宏观经济增速放缓已经变成了新常态，我国经济高速增长带来的红利也在迅速消减，传统的铺摊子、粗放式的管理和经营方式，已经不足以支撑新的经济阶段下的高质量发展；另外，截至2020年我国有41个工业大类，207个工业中类，666个工业小类，我们是世界上唯一一个拥有联合国产业分类中全部工业门类的国家，这在人类历史上，也是头一次有国家做到，我国经济的庞大体量、完整结构，以及在新冠肺炎疫情冲击下展现出的强大韧性，又为企业的经营发展带来了巨大的机会窗口和想象空间。所以，综上所述，也就不难理解，国家为什么讲供给侧结构性改革，企业为什么讲精细化运营和管理，正所谓，"圈一块地，种一季粮，精耕细作，秋收冬藏"，这可是比以前复杂得多的商业问题啊。

而要想用"数据驱动"的方法，做好"精耕细作"的事情，还有一个需求要满足，那就是"打破围城"。就像钱锺书先生在《围城》里说的"城外的人想进去，城里的人想出来"一样，数据科学与数据技术也好像一座围城，没掌握它的人觉得它复杂、抽象甚至颇有些门槛，仿佛没有经过数理训练就无法搞懂，既迫切希望能够找到高端的数据技术来解决问题，又有更大的风险被披着数据外衣的荒谬结论所伤害；而掌握数据科学和数据技术的人，却也大多深知技术工具"可以为美酒，亦可以成恶魔"的局限性，只有放下身段、走进产业、深挖场景、抓住刚需，才能交出合格的商业化答卷，让天赋兑现。

所以，我要写一本关于数据思维的书。我希望它首先成为一本不讲公式、没有代码、用人类语言书写的"科普读物"。每一位对商业问题感兴趣的读者，无须数理科班出身，也不必钻研公式算法，都应该能够平等地享受到数据科学带来的能量，所以只要拥有数据思维，相信我，你也可以做到。

　　我还希望它能成为一本数据思维方式的"鉴赏指南"。数据思维，可不是简单的数据技术，而是一种生产力，它不仅是挖掘数据价值的好工具，更是解读和丰富各种经营管理原则的新逻辑。所以通读全书的每一个章节，你会发现我精心设计的、从数据思维方式到真实商业问题的映射关系，不仅能帮助你从容面对复杂的商业问题，更能帮助你看清工具的边界，破除那可恶又毫无意义的神秘感。

　　最后，我更希望它能成为你专属的商业问题"心法手册"。从"赢得市场"维度的了解你的市场、让用户看到你、让用户选择你及让用户依赖你，到"收益与效率"维度的降本增效、抵御风险及数字化建设，再从"组织与文化"维度的构建团队文化、选人、用人及管人，到"方向与未来"维度的选择赛道、用数据驱动创新及跳出舒适区，我从企业经营管理中的14个重要商业问题出发，精心梳理了数据思维的14种逻辑，只愿它们能成为供你随时查找、便捷选用的"心法手册"，这本书的目的也就完美地达到了。

　　感谢你和我一起踏上这段数据思维之旅。我们出发吧!

第一部分

赢得市场

02

了解你的市场：

用概率逻辑制订出最
有力的商业计划

请你带着这些问题阅读:

▷ 为什么形形色色的市场分析报告和商业计划书对需求和体量的估算是千差万别的?

▷ 新冠肺炎疫情之后,市场响应的灵敏度变成了决策者高度关心的问题,你做好准备了吗?

▷ 销量预测和需求计划,二者说的是一回事吗?

> 不带评论的观察是人类智力的最高形式。
>
> ——克里希那穆提

要想赢得市场，我们自然要先了解自己的目标市场。无论你是用颠覆性技术定义新需求、开创新市场的创业者，还是用新模式、新资源挑战旧巨头市场份额的行业新贵，抑或是在细分市场深耕多年、经常面对激烈竞争的成熟玩家，都需要时时刻刻熟知市场的规模、分析市场的需求，并且把握市场的动态。但想把这些做好，并不是一件容易的事情。

也许是自己一直从事创业投资领域工作的缘故，这些年我经常有机会和企业家一起讨论市场需求，其间我也看过不少的行业分析报告、市场报告、趋势研究报告、商业计划书等，既见过动辄就把自己形容为万亿级赛道的未来领头羊，结果下了赛道才发现到处都是壁垒的创业者，也见过从一开始就用各种标签把新项目定义为"看不懂""太早期"，然后等到项目破茧成蝶之后大呼后悔的投资者。然而，这些报告和计划书往往看起来都相当严谨且有逻辑，越来越多的结论开始依靠数字做支撑，形形色色的数据分析层出不穷。可同样都是看似逻辑严谨的数据，分析结论却有可能大相径庭，这究竟是为什么呢？

从理论上来讲，量化数字能够为我们带来更多的客观性，分析工具也能够为我们带来更多的科学性，但从实操层面来看，数字的价值经常会在不经意间受到主客观因素的多重影响。数据质量、数据数量等客观因素在数据分析里不断被提及，而这一章重点介绍的则是如何规避由主观因素给分析者带来的若干种偏差。我把这些偏差大致概括为3类：盲点偏差、自信偏差和优越感偏差。

先来说说盲点偏差。如果我们遇到一个自己觉得一无所知的事物，就有可能受盲点偏差的影响而选择回避或停止思考。这其实是人们一种本能的思维习惯，有不少行为学研究人员对此做过试验和论证。就好像当朋友问我"元宇宙的市场空间有多大？"时，我的第一反应是："这我哪知道啊？"而之所以称其为"偏差"，是因为在这种情况下，你所知道的信息，很可能比你认为自己知道的信息要多很多。举个例子，你知道一架飞机的机舱可以装下多少个乒乓球吗？看似一个无厘头的问题，其实是咨询公司的一道经典面试题，它曾经难倒过不少人，很多候选人双手一摊表示无从下手，而更多的候选人则质疑这种问题到底评估了他们的什么能力，是否只是单纯地"调戏"他们的智商。事实上，这就是盲点偏差的一个很好的例子，而理解偏差的根源并有效地规避它，则是帮助我们了解市场、做好分析的关键动作。

再来说说自信偏差。自信偏差则与盲点偏差相反，它走到了另一个极端。如果我们遇到一个自己觉得必然出现或一定不可能发生的事物，就有可能受自信偏差的影响而忽略风险或停止思考。就像人们在发现黑天鹅之前认为天鹅都是白色的一样，自信多数时候是过度的，因为对于比较熟知的事物，你认为自己知道的信息，很可能比你真正知道的信息要少很多。所以，对于看上去我们更熟知的市场，反而要学会规避自信偏差带来的影响。

最后来说说优越感偏差。当数据分析需求与暴发式迭代更新的人工智能技术相遇时，分析技术的快速升级也带来了不可避免的"工具食物链歧视"。同样的数据，用了机器学习产出的结果好像就一定比时间序列的数据精准；同样的假设，仿佛调查问卷的问题越多就意味着离大数据样本越近、检验可信度也就越高。优越感如此往复循环，分析者都在追求对工具和方法的武装升级，但很多时候反而忽略了市场的本质，捡了芝麻丢了西瓜。

这些形形色色的偏差，不仅会影响我们对市场的判断，更重要的是，它们还会为那些混乱的结论披上一层层看似科学的外衣，让真实的市场判断离我们越来越远。因此，在第1章，我们先来了解概率逻辑及其三要素，从而理解各种偏差产生的根源，并规避偏差风险。

概率逻辑 = 相关要素 + 分布要素 + 计划要素

提到概率逻辑，并非为了在这里讲解概率论，也并非为了把未受过数理专业训练的朋友挡在门外，而恰恰相反，财富500强企业的大多数CEO，有一半都不是数理专业或技术出身，不了解概率模型是正常的，但我们只要理解和掌握了其背后的概率思维逻辑，就一定能助力我们在企业经营中成为更好的决策者。

接下来，让我们围绕这3个要素逐一展开。

概率逻辑之相关要素

设想一个典型的市场分析场景，老板想知道："2021年，XYZ咖啡店在北京的线下实体店里一共卖出去了多少杯咖啡？"这个数据通过网络一般不能直接搜索到，公司的财务报告更不会对外披露这么详细的信息，那么你准备如何帮助老板找到答案呢？这时候，你可以让概率逻辑中的相关要素来帮助你。

也许大家玩过这样一个游戏：一个人心里想好一件确定的事物，另一个人只能通过提出一连串的问题来猜测，而这些问题也只能用"是/否/不清楚"这3种方式之一来回答。虽然第一个人可以随意地去想，无论是人还是物，也不管是真实的还是虚拟的事物，这个目标事物对别人来说绝对是一个彻头彻尾的盲点。但最有意思的部分恰恰是，如果另一个人能把问题设计得巧妙且高质量，那么有时候只需要十几个甚至更少的问题，就能把第一个人的心头所想准确地猜测出来。

这就是使用相关要素的一个典型例子。换句话说，再陌生的事物、再不熟悉的市场，我们都可以通过一系列与它相关，并且为我们所熟悉的事物来间接地描述它，而描述的角度越多，我们对这个陌生事物的了解也就越精确。

你可能会问："既然是盲点，那会不会没有我们熟悉的事物与它相关呢？"相信我，一定会有的。还记得我们中学时学过的唯物辩证法吗？"我们知道事物的联系具有普遍性、客观性、多样性和条件性。"当时觉得这些话特别抽象，现在仔细一品才发现都是真理啊。这并不是说每件事情的发生都会被其他事情所影响，就好比"明天下不下雨"和"我今天晚饭吃什么"应该确实没有什么关系，但如果想知道明天下雨的可能性有多大，你完全不需要成为一名气象学专家，因为所有你能观察到和查询到的信息，如云层、晚霞、季节、风向、蜻蜓飞翔的高度、农民伯伯的判断、临近城市里的朋友对天气的描述等，都是和目标相关的信息，也都是我们熟悉的信息，自然也就是能帮助我们更好地做出分析的信息了。所以，相关要素一定是普遍存在的。

你可能也会问："怎么才算'把问题设计得巧妙且高质量'呢？"为什么换一个人，也许连问三四十个问题也猜测不出来另一个人的脑袋里到底在想些什么呢？这就涉及相关要素的另一个特点：角度的多样化。举个很简单的例子，假如同样针对那个心中所想的事物问 10 个问题，一个人的问法是"它是红的吗？它是绿的吗？它是黑的吗？等等"，另一个人的问法是"它是人类吗？它是虚拟的吗？它是每天都要用到的吗？它是坚硬的吗？等等"，由此所获得的信息密度，是不是高下立判？因为第一种问法虽然用了 10 次机会，却都在围绕同一个维度进行挖掘，就算这个人能问出准确的颜色，很显然对我们精确地描述这是一个什么"物体"帮助不大；而第二种问法则是一个问题一个新维度，10 个问题问下来，就如同把一个黑盒子从 10 个方向分别打了一个小孔，我们可以从小孔中窥见"物体"的 10 个侧面，有效信息自然也就多了很多。

搞清楚了相关要素的两个特点，我们就可以回过头来看看前面"2021 年，XYZ 咖啡店在北京的线下实体店里一共卖出去了多少杯咖啡？"的数据问题了。这个数据本身对我们绝大多数人来说都是一个盲点，但同时，我们也都能找到一系列和这个数据相关的信息来帮助我们更精确地描述它。

举个例子，如果我们想采用一种自上而下的分解方法去估算卖出了多少杯咖啡，那么我们可以首先从北京的常住人口入手，把它作为初始信息点，很显然这个是容易知晓或查到的；然后对总人口的第一个划分可以用年龄结构的分布来帮助我们思考；而恰恰因为不同的年龄结构通常会有不同的饮品侧重（如儿童大概率是不喝咖啡的，老年人喝咖啡的整体比例估计也要比上班族低不少，等等），接下来我们就可以对每个年龄结构里的人群对咖啡、茶类、软饮料、酒类的偏好做划分，那么喝咖啡的人群数据好像也就清晰了不少。再进一步，为了聚焦到XYZ咖啡品牌，我们还可以去看看喝咖啡的人群在工作日和周末的不同消费频率、XYZ咖啡品牌在各大咖啡品牌里的知名度与竞争力，以及有多少比例可能是人们通过外卖订单进行线上购买的等更多的维度（见图2-1）。这些新引入的信息和判断，或者基于常识，或者基于逻辑，抑或者基于可获取的公开信息，但不管怎样，它们既与总的数据问题高度相关，又为我们所熟知，还提供了不同的解析角度，那么咖啡最终的线下销量也就会慢慢变得清晰了。

图2-1 估算咖啡销量的逻辑链条样例

当然，使用好相关要素，还有两个要点是大家一定要掌握的。首先，相关要素的选择和分析方法应该有很多，而且一定有很多，因为每个人熟知的信息类型不同，所以"给黑盒子打孔"的逻辑自然也就不同，不应该有孰优孰劣之分。好比前面的例子是从总人群开始进行细分的，我们同样也可以从XYZ咖啡品牌的总收入开始进行细分，看看它在中国区业务的比例、北京地区的体量、单杯咖啡的价格等，很可能这也是一个好方法。而且，如果我们能用不同的方法进行市场分析，通常还能达到交叉验证的效果，一举两得。

其次，不论我们设计怎样的方法，每一步的信息往往也不是容易直接查询到的公开信息，这就需要我们引入一定的估算逻辑。比如，当我们需要去估算某一喝咖啡人群在工作日和周末的消费频率时，我们既可以依靠常识推理，也可以依靠研究报告，但不论用什么方法，我们都要让每个环节的估算逻辑尽可能地言之有据、清晰严谨。因为就像"牛鞭效应"一样，如果每个环节都有巨大的误差，那么最终汇总到结果里的误差，很可能就会大到让人完全无法接受，或让结论变得完全无效。

所以，任何市场都有我们不熟悉的地方，有盲点很正常，但也不要害怕，因为我们拥有"相关要素"这把利器。找到与之相关的熟悉信息、保证视角的丰富全面，并让分析逻辑顺畅严谨，你就能克服盲点偏差，在了解市场的比赛中赢在起跑线上。

概率逻辑之分布要素

介绍了不熟悉的盲点，我们再来看看对熟悉市场的自信，因为自信虽好，但如果过度自信而不自知，就未必是一件好事。还记得你上一次听到自己或别人说出"一定是""百分之百""绝对不可能发生"这些关键词是什么时候吗？我猜测，很可能不会太久。"新冠肺炎疫情一定会带来全球范围内的经济萧条""这种新技术百分之百会带来商业变革""这只股票首个交易日就价格'腰斩'是绝对不可能发生的"等，其实都相当于在概率逻辑里，让一个个零概率事件新鲜出炉，但如此确定的事，可不是那么好找的。

人们总喜欢用"黑天鹅"事件来形容那些我们平时想象不到的可能性的存在，却经常忽略"黑天鹅"事件的另一个特征，那就是它一旦发生，我们又总能经过一番探究，后知后觉地找到一堆理由来解释它的确是可以发生的。这就是我们所讲的自信偏差：对于比较熟知的事物，你认为自己知道的信息，很可能比你真正知道的信息要少很多。

我们不妨来看一个自信偏差的经典例子——始于2007年的美国次贷危机。这次危机是从一个常规的政策激励开始的，当政策希望让更多的人拥有自有产权住房的时候，抵押贷款的条件被大幅放宽了，人们办理房贷更容易了，贷款利率也下调了，更多的人买得起房子了，所以需求的增长也让房价开始明显上涨。事情发展到这里还算比较正常，但就是从这时起，一些自信偏差的论调便开始出现了，"长期来看，房价只会涨不会跌""全国性的抵押贷款违约是绝对不可能出现的"变成了当时流行的论调，而这种论调让房屋抵押贷款的风险看上去变得完全可以忽略，也就催生了华尔街把次级抵押贷款包装成证券，转手一卖，风险不再留在自己手里，贷款机构也就不用担心借款人的信用风险问题了。违约的雪球自此越滚越大，却因为绝对乐观的信心被绝大部分人忽略，最终让一切走向了崩溃。

但那些所谓"绝对不可能发生"的事件，真的就不可能发生吗？这就需要引入概率逻辑里的分布要素。如果大家熟悉"三西格玛"准则，就应该知道在那个美丽的正态分布曲线上（见

图2-2），曲线其实是向正负两端无限延伸的。换句话说，虽然遵循这个分布的随机变量取值落在正负3个标准差区间里的可能性高达99.7%，但依然会有无穷多个可能性。

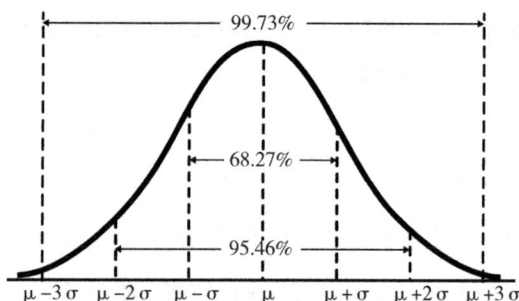

图2-2 正态分布曲线

更重要的是，不仅正态分布曲线如此，绝大多数的不确定性事物也都有同样的特点，那就是总有很多可能发生的情况，隐藏在概率分布那条长长的尾巴上。我们不能因为不知道它或还没见过它发生，就把它和"不可能发生"等同起来。用价值投资大师霍华德·马克斯（Howard Marks）的话说就是"投资风险的最大来源，就是相信根本没有风险"。

那么，如何才能使用好分布要素呢？这里有两种方法供大家参考："扳机试验"和"横向对比"。

所谓"扳机试验"，就是当我们自信地认为一件事情完全不可能发生的时候，我们可以追问自己一句："如果它发生后会带来一个极其严重的后果（好比它会触动扳机而击中你的要害），那么我依然会如此自信吗？"我们对不确定性的评估，往往都是不附带价值链接的，所以会有"站着说话不腰疼"的心态，而"扳机试验"就是一个很有价值的思维游戏。我记得自己在读书的时候，就曾经在考试里接受过类似的训练，每道单选题虽然都有唯一正确的答案，但我们在作答时，都被要求在每个选项的前面填写它是正确答案的概率，而如果你很不幸地在正确答案的选项前面写下的概率为0，那么这次考试你的分数会变成"负无穷"，你最终的学期成绩也会因此连降两档（如从A档降到C档）。很多同学自信于自己的能力，在自认为不是正确答案的选项前面写下的概率为0，结果可能由于种种审题问题、理解问题、计算问题等因素触动了"扳机"，追悔莫及。所以，用这样一个思维游戏来帮助我们规避对小概率事件的过度自信，非常有帮助。

而与之相对的，为了应对我们对大概率事件的过度自信，也就是那些自认为"一定会发生"的事情，我们在使用"扳机试验"方法的同时，还可以试试"横向对比"方法。"横向对比"，顾名思义，就是把大家放在一起比比，看看到底有没有差别，而之所以这样做是因为，当我们把单独看上去可能性很高的事情与已知的高可能性事情放在一起比较的时候，也许很明显地就能表现出两者之间存在的差距了。比如说，当你因为市场上的乐观论调消失殆尽，就认为"新冠肺炎疫情一定会带来全球范围内的经济萧条"的时候，不妨比较一下另一个事实，那就是美国经济在过去165年里有过33次衰退，但大萧条有且仅有过一次，所以

如果这么快就对世界经济充满悲观和恐慌，也许真的还早。而当
投资机构都想要积极进入投资人工智能概念的创业公司，并认为
"这种新技术百分之百会带来商业变革"的时候，不妨也冷静地
想一想，创业成功（暂且以成功首次公开募股或收购为定义）在
全球范围内也永远只是小概率事件，那百分之个位数的可能性，
是否依旧还值得你的这份狂热呢？

　　克服盲点偏差还只是第一步，当对市场上的诸多不确定性有
些过度自信的时候，我们还可以用概率逻辑中的分布要素把那些
不知道、没见过，或是太熟悉、很相信的事件，一个一个剥离出
来。它会帮助我们规避自信偏差的风险，让我们对目标市场的认
识更加冷静、全面。

概率逻辑之计划要素

　　了解了市场分析中的两种常见偏差后，我们现在可以来看
看概率逻辑的第三个要素了。我们都知道市场需求瞬息万变，后
疫情时代市场供需环境的不确定性又进一步增加了，能够缩短生
产和交付周期、更快按需生产的企业，将会在整体成本和竞争力
上脱颖而出。而想要提升市场响应的灵敏度，以及更精确地描述
市场需求的各个维度，制订需求计划便是解决这个问题的重要一
环，也就是我们这里要讲的计划要素。

　　说到需求计划，很多人会把它等同于"销量预测"，毕竟，

对充满不确定性的销量进行精确的描述甚至预判，既是一件高难度的事，也是制订需求计划中的一项重要能力。需求计划，顾名思义，计划的范畴其实是比预测的范畴要广泛很多的，因为需求计划的任务是不仅要让企业有能力及时跟踪和响应现有需求，还要让企业有能力挖掘、创造并满足新需求。换句话说，需求计划不仅包括能支撑围绕着历史销量、需求影响因素、异常预警、对比分析等所进行的短周期需求计划，还包括能支撑围绕着营销活动、份额策略、竞争对手、产品生命周期管理、未来产品需求设计等所进行的中长期需求计划（见图2-3）。想把这样一件多维度、全链条的事情做好，至少需要理解下面的3个维度。

1）数据维度：融合内外部数据。

2）技术维度：传统的时序模型与人工智能算法的结合。

3）场景维度：精细的场景组合与细分。

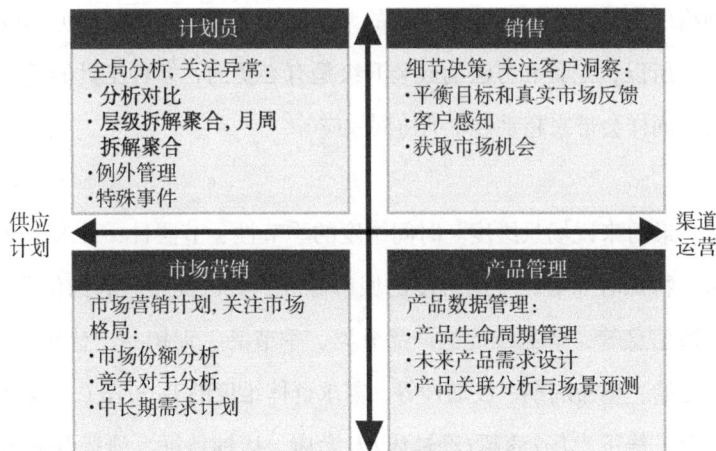

图2-3　需求计划支持的典型场景

　　先说数据维度。迅速获取海量数据的技术同时会产生更多的噪音，获取可靠的数据源本身也是一件需要花费大量精力和时间的事情。如果你想对"某个产品在某个地区、某个渠道平台的未来某个时间颗粒度下"的需求做出预判，光有历史销售数据是远远不够的，你可能还需要诸如产品分类、产品信息、价格折扣、营销信息、销售指标等维度的内部数据，以及诸如舆情商情、宏观政策、地理信息、商圈信息、房产数据等维度的外部数据。两者的融合，才能构建出需求计划和分析的坚实基础。

　　再说技术维度。谷歌首席决策科学家凯西·柯兹科夫（Cassie Kozyrkov）曾说："分析本身是一种时间上的投资，不一定每次分析都有项目成果。"这就需要我们对分析工具有更加深刻的认知，并去除对工具的盲从和崇拜。有很多时间序列的模型能在大多数场景下给出优质的结果，也有很多机器学习、深度学习、神经网络的算法工具依赖于更精细的调参调优和场景适配才能见到成效。所以，工具和方法的武装升级是有必要的，多种工具的适当结合同样会带来超乎寻常的协同效应。

　　最后来说场景维度。时间维度的季节性、节假日、月末、季末、特殊时间等，空间维度的城市等级、分区类型、店铺位置、周边信息等，产品维度的产品分类、季节品、促销品、替换品、长尾品、生命周期、波动性等，需求群体维度的To B/To C、线上平台、线下卖场/商超/经销店/专卖店、店铺特征、消费者画像等，都是让需求计划变得具体而可落地的重要因素。任何一个新的场景信息都可能让大数据塑造的模型黯然失色，而任何一个重要场景的缺失，也都能让你的需求计划无法落地。

我曾经参与服务过一家知名化妆品品牌商的全渠道需求计划建设。这家企业希望将原有的供应链（向消费者驱动的端到端的供应链）转型，向消费端靠近，从而通过敏捷的供应链更好地满足消费者的需求。然而，这个转型的挑战也很多，如需求波动大、销售波动的周期性及电商活动影响不能充分估计、库存积压与缺货并存等。由于这家企业已经积累了线上线下的大量数据，所以希望通过前沿的人工智能算法更好地对全渠道（天猫、京东、线下专柜）需求进行预测和计划，同时在库存决策上更敏捷和优化，从而用最小的成本让收益最大化。

这就是一个典型的需求计划场景。我们结合企业自身的信息建设与数据积累，系统地梳理了线上线下全渠道销售的大量业务场景和约束条件，通过多种预测方法的优选结合不仅实现了全渠道上百个库存数量精确到周的销量预测和计划，同时还在满足电商服务水平的前提下，为电商区域仓库及品牌中心仓库制定了更加合理的库存管理策略，优化了各级库存管理水平，最终实现了爆款产品预测准确率提升至85%、全量产品预测准确率提升至80%的高精度预测，以及在此基础上成功地将订单满足率显著提升至98%。

所以，当你掌握了计划要素，也就掌握了更精确地描述市场需求的钥匙。请不要忘记把数据、算法和业务场景结合起来，不迷信工具，尊重行业特性，那么我们也就自然能够朝着更好地挖掘、创造并满足新老需求的方向迈出坚实而重要的一步了。

上个台阶

细心的你可能已经发现，在这一章里，无论是探究市场分析中的认知偏差，还是讲述概率逻辑中的3个要素，我们其实都把目光聚焦在了这些思维工具的科学属性上。那么，为什么要这么做呢？

因为在我看来，科学属性是一切数据思维的底线。当我们在人类历史上第一次拥有了奢侈的大数据作为生产资料的时候，也要时刻以躬身入局的心态保持清醒，别忘了，当人们都在讲人工智能算法是多么神奇地模拟了大脑工作方式的时候，我们人类对大脑的认知程度也是很低的（仅有百分之几），当下的"人工智能"充其量也只能算是"机器智能"。我们也不要忘记马克·吐温的那句名言："谎言有三种：谎言、该死的谎言和统计数字。"数据科学与人工智能都是工具，"可以为美酒，亦可以成恶魔"。数据思维实践者的职业素养决定了其下限，而也只有在这个具备科学属性的底线之上，我们才有机会欣赏到它支撑商业价值的全部灵魂。

划重点

1. 数据支撑的市场分析总是存在形形色色的偏差，它们不仅会影响我们对市场的判断，还会为那些混乱的结论披上一层层看似科学的外衣，最后让真实的市场判断离我们越来越远。

2. 想要用更科学的方法了解市场需求，规避认知风险，大家可以通过概率逻辑的3个要素来厘清思路。这3个要素分别是相关要素、分布要素和计划要素。

3. 科学属性是一切数据思维的底线。

03

让用户看到你：

用习惯逻辑抓住用户的注意力

请你带着这些问题阅读：

▷ 花大力气做新品、搞营销，但业绩依旧不好，还有哪些可能的问题亟待解决？

▷ 在数据的支撑下，你是否有更好的选址、选品方法让目标用户尽快注意到你呢？

▷ 产品设计除了满足功能需求，是否也要能抓住用户的注意力呢？

> 沟通最大的问题在于，人们想当然地认为已经沟通了。
>
> ——克里希那穆提

在第2章，我们介绍了如何更好地了解目标市场和用户，但这只是赢取市场的准备动作。销售转化过程通常是一个很长的漏斗，当我们把这个漏斗放在了正确的细分市场之后，下一个关键动作就是要抓住用户的注意力了。

你可能会说："我明白了，那就是要讲解市场营销了吧，发布广告、活动促销、降低价格、聘请代言人，是这个思路对不对？"事实上，还真不是这样的。我不是市场营销的专家，对各种营销玩法的理解也和普通消费者的视角没什么两样，而我不想泛泛地从市场营销角度来讲解这个问题，更深层次的原因是，我认为几乎所有的市场营销动作，其实都包含了两个核心要素：一是让用户能够注意到你，二是让用户能明白你传递的价值。这两个核心要素相互关联，却也各自独立，而如果我们想从数据思维和量化工具中寻找帮助，那就要把问题定义得足够明确且有针对性。所以，我会在这一章着重去讲解如何用习惯逻辑抓住用户的注意力，然后在第4章来深入展开价值传递的部分。

那么，什么是习惯逻辑呢？我们每个人都是一个消费者，而一个理想的消费过程往往也都是符合沟通习惯、不必让我们大费周折的过程——不必费力寻找、不必费力翻看、不必费力理解，甚至偶尔还能被用心的设计和强大的功能吸引。而从企业经营者和产品与服务提供者的角度来看，数据思维则是能够帮助我们实现这些目标的重要逻辑支点。

消费零售中有"人、货、场"的概念，如果围绕这3个维度来思考如何更好地抓住用户的注意力，那么这其中数据思维的习惯逻辑三要素公式如下：

习惯逻辑 = 位置要素 + 信息要素 + 场景要素

位置要素是用数据思维的方式帮助我们选择更好的门店地址，让用户在需要我们的时候就能尽快找到我们；信息要素是用数据思维的方式帮助我们呈现更好的产品组合，让用户在不了解我们的时候也能对产品一目了然；而场景要素则是用数据思维的方式帮助我们把产品功能与场景结合起来，让用户还没购买就开始期待与产品进行互动了。这些要素，就是抓住用户注意力要做的核心工作。

接下来，让我们围绕这3个要素逐一展开。

习惯逻辑之位置要素

如何为用户与商家的交互选择一个好的地理位置，这应该是从零售这个行业出现的第一天起就存在的话题。无论是集市里的一个摊位，还是路边的一家小店，也不管是地铁口中心区"五步一楼十步一阁"的紧密布局，还是与竞争对手之间寸土不让的战略排布，甚至即便商家的所有业务都在线上进行，但还是需要对线下的广告投放点、仓库运营点进行选择，这背后都是一个个在各种约束和限制条件下寻找最佳位置的决策问题。如何让用户在需要我们的时候就能尽快地找到我们，具体来说就是要找到"开多少家门店、开在哪里"的答案，也就是我们这里要讲解的位置要素。

第一，目标信息。用数据指导优选，自然得告诉它我们想要实现什么目标。比如，它可以是地理面积覆盖度（商圈要覆盖多少、中心城区要覆盖多少等），也可以是人口数量覆盖度（白天的、夜间的、某个特定消费群体的等），还可以是竞争对手门店覆盖度（就好像你在每家麦当劳门店的不远处几乎总能找到一家肯德基门店一样），当然还可以是门店收益的最大化（单店销售额、单店利润率、某品类销售额、店铺网络总销售额等）。而更重要的是，你的目标甚至可以是上述某几个目标的组合，只要能清晰定义多个目标之间的优先级和重组关系，最后都可以用数据分析的方法来解决。

　　第二，约束信息，也就是那些必须满足的条件。举例来说，我们应该有人口规模的限制，如果把所有的店铺都开到荒郊野岭或缺乏商业氛围的地方去，那么这就不是一个能实现经济目标的方式；我们的店铺应该有距离的限制，两个店铺如果离得太近，反而会出现"1+1＜2"的结果；我们应该有对特殊设施的避让，如河流、绿化带、市政设施等；我们甚至可能会对某些特殊位置的门店有特殊的要求，如门前的台阶不能过多、距离街角的位置不能过远等。说到底，就是要把所有那些造成用户需要花费更多精力才能找到我们的问题都规避掉。

　　第三，整合数据。无论是目标信息还是约束信息，都需要被量化，进而通过数据来支撑。在选址问题中，数据的维度和质量是模型合理性与准确性的基础，而我们通常需要在合理、合法的范围内，整合内外部的多源数据，才能为最终的选址决策质量提供保障。具体来说，我们通常首先需要"画格子"，把一片城市区域划分成百米级甚至更细颗粒度的方格，这是我们进行数据收集和决策分析的基础；其次，我们需要整合业态数据，因为业态的丰富密集程度通常是门店布局的关键，而整个区域内的高、中、低频业态的分布及交通信息都可以为我们带来很大的帮助；再次就是整合现有店铺的信息，因为我们既需要充分挖掘影响店铺营收的核心因素，更希望通过和已有店铺的布局产生联动，从而进一步带来收益的最大化；最后还需要整合消费人群的信息，所有能够反映人群分布、消费能力、消费偏好的信息，也一定是选址分析中的核心数据要素。

不妨来看一个例子。我曾经参与服务过一家国内的连锁零售巨头企业，为长三角地区某城市的新店选址做决策。因为业务发展迅速，企业的市场拓展速度也随之水涨船高，每年的计划新增门店数量都不是一个小数目，所以传统的"扫街式"选店铺的方法不仅从节奏上无法支撑业务发展的需要，同时也缺少数据支撑的科学选址逻辑，更无法支撑未来向其他城市的更大规模拓展。

于是，我们便一起采用了前面所说的位置要素方法，从百米级的区块划分，到业态、店铺、人口数据的多维度整合，再到基于所有避让原则下最大化人口覆盖率和预期营收的最优选址，最后实现以点带面、逐步加密的分期开店（见图3–1）。最后的效果是我们帮助这家企业达到了和竞争对手相同的人口覆盖率所需要的门店数量，竟然比竞争对手降低了60%的成本！这不仅极大地减少了成本与资源的浪费，还带来了更精准的收益评估和效益提升，也为接下来的规模业务拓展打下了数据驱动的智慧化基础。

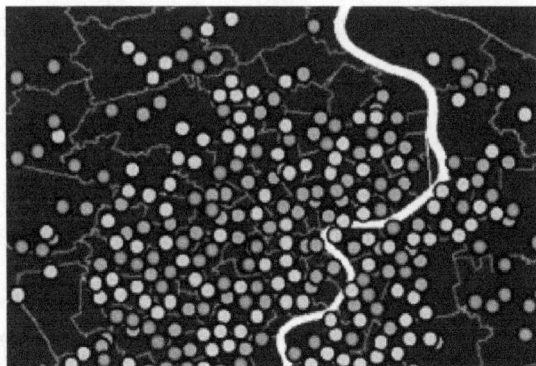

图3–1 某连锁零售巨头企业新店选址示意图

　　所以，当我们掌握了习惯逻辑的位置要素后，也就有了更好的方式能让用户在需要我们的时候更方便地找到我们。明确目标信息，找准约束信息，积极整合数据，于是就有了寻找最佳位置的技术基础，而当我们完成了抓住用户注意力的第一个关键步骤之后，我们就可以讲解如何更好地呈现产品组合的问题了。

习惯逻辑之信息要素

　　在位置要素的帮助下，我们让用户走进了合适的门店，而如果想进一步让用户了解我们，抓住他们的注意力，那么该用怎样的产品组合把最新的产品和服务呈现给用户呢？如果我们把促销打折的产品摆在最显眼的位置，那么感觉似乎缺少了新鲜的元素；如果我们推荐的都是最新的产品，那么仿佛又缺少了与节日、热点相呼应的时效性；如果我们摆出的都是节日热卖产品，那么似乎又少了价格吸引力；而如果我们把这些产品全都摆出来，那么不仅货架空间有限，用户的注意力还会被无限地分散。所以，如何用有限的产品组合为用户传递更多的信息，就是这里要讲解的信息要素。

　　而这样一个选品问题，偏偏还是一件很重要的事情。如今的零售业，都是以客户为中心的交互环境，一个可靠的选品策略，一定也是结合了特殊定制的品类，能够综合考虑本地化、消费者偏好、用户忠诚度、生活方式和购买行为的策略。而随着新产品的不断上市，如何用数据驱动的方法更好、更及时地改变店内布局，调整新产品、畅销产品和自有品牌在有限货架空间内的组合来满足用户需求和留住用户，成了新零售时代下的全新挑战，而这些挑战带来的终极收益，自然就是以更充足的货源和稳健的利润率来确保最大的市场份额。

选品说起来容易，想做好可就没那么简单了。在通常情况下，一个便利店的面积不大，但库存起码得有一两千件产品，而那些大型卖场和商超呢，上万件的库存单品都属于常规操作；而且传统零售业的选品流程大多依赖人工经验，有通过老板、店长的远见卓识来制定策略的，也有通过选品大会竞争上岗的，但即便抛开主观性不谈，单单是时效性这一项，传统的选品方法就没法很好地应对市场的变化，耗时耗力的选品流程是很难支撑起高频次的需求波动和多样化的销售策略的。

那么，如何让信息要素更好地支撑我们的选品组合策略呢？我们至少要从4个信息维度来入手：产品信息、约束信息、目标信息和偏好信息。

首先，产品是有多种类型的，自然也就有多样化的属性。有的产品是长期稳定的热卖主打款，就好像所有的苹果体验店都会有iPhone、再小的雅诗兰黛专柜也少不了"小棕瓶"、进了泡泡玛特就不能没有Molly一样，这些主打款有时就代表着用户对品牌的认知；有的产品是迎合了不同需求新近推出的最新款，伴随着每一场新品发布会，大部分的专卖店、体验店、零售门店的热门产品摆放位置往往都会有所更新；有的产品是只有在节假日、特定时节才会有大量购买需求的季节款，就像端午节和中秋节的礼盒、盛夏的空调和电风扇、入冬的保暖防寒用品；还有一些产品是没有季节性波动的长尾品，虽然销量不大，但通常都是生活必需品，也基本能在大部分商场或便利店里买到。所以，只有当我们对产品的不同属性有所理解时，才能知道不同的产品组合和选品策略对我们的影响程度不同，策略的效果也才能更显著。

　　接下来是约束信息和目标信息。怎么样，你是不是觉得很眼熟？没错，是我们在叙述"位置要素"时刚刚提到的，而在后面的内容里你也会发现，但凡遇到涉及资源分配的决策问题，我们都离不开约束信息和目标信息这两个核心要素。举例来说，门店和货架的空间本身就具有约束力，最显眼的位置其空间就那么大，我们一切的选品组合都只能在这个空间里进行。当然，你可能会问："如果是线上的选品推荐，不就没有物理空间的限制了吗？"没错，线上店铺的空间没有限制，但用户的注意力和耐心是有限度的，想想有多少次我们自己在看到商家推荐的前几个产品不符合心意之后就关闭链接了，你就能明白掌握抓住用户注意力的能力有多么重要了。同样，目标也是我们要非常明确的一件事，因为数据驱动在做分析时不怕问题复杂，就怕问题模糊。无论你是希望通过选品来最大化地吸引新用户，还是提高利润率，抑或是打造新品的品牌认知度等，只要你明确了抓住用户注意力这个目标，你就具备了使用好信息要素的基础。

最后是偏好信息。前面的3种信息都在讲我们能给用户提供什么，而无论到什么时候，我们都不能忘记用户想要什么、喜欢什么。数据分析结果可以帮助我们明白：哪些产品会经常被一起购买（虽然很多时候没什么因果关系，只是高度相关罢了）？哪些产品会被一次又一次地重复购买？哪些产品在做了促销、代言、广告投放之后的表现超出或不如预期？又有哪些产品口碑不好、经常被退货？

当我们综合了产品信息、约束信息、目标信息、偏好信息之后，就可以通过相应的算法模型来优化和更新我们的产品清单了。事实上，现在有很多零售商都在实践和部署数据驱动的零售选品管理解决方案，而且从收益端来看，精细化选品可使库存成本降低30%，同时可使计划效率、敏捷度的提升超过40%，这些都是真金白银的收益啊。

所以，信息要素可以通过数据思维的方式帮助我们呈现更好的产品组合，让用户在不了解我们的时候也能对产品和服务一目了然，这是我们抓住用户注意力的关键一步，也是我们提升运营效率和精细度的重要环节。

习惯逻辑之场景要素

"场景"是一个很抽象的词汇，我们不妨先来看一个案例。之前有段时间曾有一个很火热的话题，叫作"食品包装要抢了玩具的生意"，简单地说就是有不少经典的包装设计，让休闲食品的包装变成了"百宝箱"，人们就算吃完了食物也舍不得扔掉包装。例如，像奥利奥那样将包装做成了饼干音乐盒，人们不仅可以边吃饼干边听歌，还可以欣赏小安卓在旁边跳舞；又如像必胜客那样，把比萨盒子升级成了简易的桌上足球台，让你边吃边玩边狂欢；再如像小浣熊那样，采用"吃面集卡"的策略，为你营造各种"收集强迫症"的爆发机会；等等（见图3-2）。那么，这些策略的共同点是什么呢？

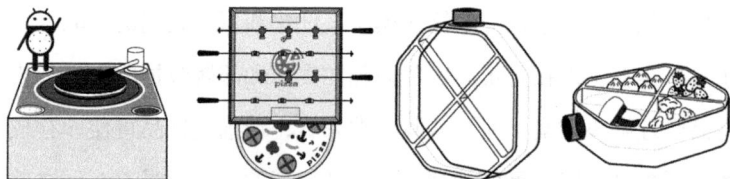

图3-2　休闲食品的创意包装样例

奇思妙想的食品包装变成了玩具，看上去貌似只关乎营销技巧，但换个角度看，这其实是除位置要素和信息要素外，另一个能够抓住用户注意力的很有趣的新要素——场景要素。传统的思路是：休闲食品嘛，那就空闲的时候吃。"休闲"被定义为一种状态，而里面的食品才是适配这种状态的核心产品。没错，这个思路完全没毛病，逻辑通畅，顺理成章。但新的思路是什么呢？"休闲"不仅是一种状态，更是一种需求场景，所以新增的需求场景也就催生了更精细的分工，食品就是用来解馋或充饥的，而休闲娱乐的需求场景就可以由包装来接手。所以，当我们拓展了需求场景的边界后，也就自然地拓展了产品的外延。

　　这就是习惯逻辑中的场景要素——把用户与产品交互的场景变成一种需求，然后再把它创造出来。当然，这样的场景需求不是单纯靠想象就能够想出来的，而是可以依靠大量的市场分析数据、用户访谈数据、产品测试数据等量化信息，来支撑我们的假设。这样的场景需求同样可以非常多样化，回到前面休闲食品的案例，如果想要满足休闲娱乐的需求，那可是要比解馋或充饥复杂多了，所以你才会看到从"收集强迫症"到"百宝箱包装"，再从"时尚化互动"到"拟人化形象"这些奇思妙想，其实都是为专门的场景需求设计的产品功能。用户的心就像海底的针，当营销人员琢磨不透的时候，就用数据分析出来的新场景来满足吧。

　　当然，除了用数据的思维和分析来帮助我们挖掘新场景，有时我们甚至还可以直接用数字来构建新场景。举一个例子，长城葡萄酒曾有过一段经典的文案，标题就叫作"十年间，世界上发生了什么？"我把与它相关的文案摘录在这里，你就能明白我的意思了：

十年间，
世界上发生了什么？

65种语言消失，
科学家发现了12 866颗小行星，
地球上出生了3亿人，
热带雨林减少了6 070 000平方公里，

元首们签署了 6 035 项外交备忘录，

互联网用户增长了 270 倍，

5 670 003 只流浪狗找到了家，

乔丹 3 次复出，

96 354 426 对男女结婚，

25 457 998 对男女离婚，

人们喝掉 7 000 000 000 000 罐碳酸饮料，

平均体重增加 15%。

我们养育了一瓶好酒。

数字，很多时候代表着客观和严谨，在这样一个拟人化的场景里，我们看到的是客观且不失丰富的情感，是严谨且火热的浪漫。它为我们营造出了探寻一颗葡萄成长经历的场景，自然也就成功地抓住了我们的注意力。

所以，当你能用数据思维的方式把产品功能与交互场景结合起来，让用户还没购买就开始期待与产品的互动时，那么你抓住用户注意力的能力就已经达到了一个全新的高度，这不仅为销售转化做好了铺垫，也具备了支撑更大规模业务增长的基础。

上个台阶

前面我们介绍了习惯逻辑的 3 个要素，目的是更高效地让用户看到你的产品和服务，但这一切的前提是你已经具备了服务好这些用户的过硬产品力。当然，产品功能可以不断升级，服务也可以根据用户的反馈变得更好，但对于那些依靠制造"噱头"来吸引用户眼球，但实际上完全没有产品和服务基础的营销方式，我是持质疑态度的。

就好像在2021年的某个时间点，一些科技巨头开始宣布要造车了。请不要误解，我是真心希望这些科技巨头能够如他们所说，为广大用户带来颠覆性的新产品的。但当时也有很多的宣传和造势，让人们感觉仿佛造车就像上线一种互联网新功能一样轻松，也仿佛有了技术基因就注定了能成功一样，更仿佛那些传统汽车企业几十年的积累在新时代就只配做一个代工一样。《人民日报》也曾经撰文《跨界造车，期待跨出新路》提醒："尽管资本看好、时机正巧、条件具备，而且不差钱、不缺人才、机制灵活、生态完备、长板突出、粉丝热捧……但是，跨界者想在智能电动汽车产业取得成功，挑战同样不少。"互联网产品有 Bug 可以回滚，电子产品不好用可以换掉，但在这承载着一个个生命的交通工具面前，"跨界"的优越感，绝不应该成为"噱头"。

我自己也自诩是一个依靠技术服务产业的创业者，也身体力行地服务了包括汽车厂商在内的众多顶级制造企业。做得越多，敬畏之心越重；看得越多，也越知道实体企业发展没有捷径可走。做对了市场需求分析只是一款好产品的开端，用心深耕、久久为功才是真正的王道。

划重点

1. 销售转化过程通常是一个很长的漏斗，当我们把这个漏斗放在了正确而细分的市场之后，下一个关键动作就是要抓住用户的注意力了。

2. 让用户更好地注意到你的产品和服务，你可以通过习惯逻辑的3个要素来厘清思路，并找到对策。这3个要素分别是位置要素、信息要素和场景要素。

3. 要时刻牢记的是，抓住用户注意力的前提是你已经具备了服务好这些用户的过硬产品力。

04

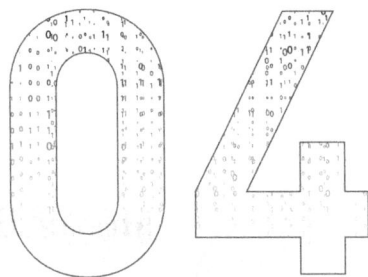

让用户选择你：

用价值逻辑赢得你的
关键用户

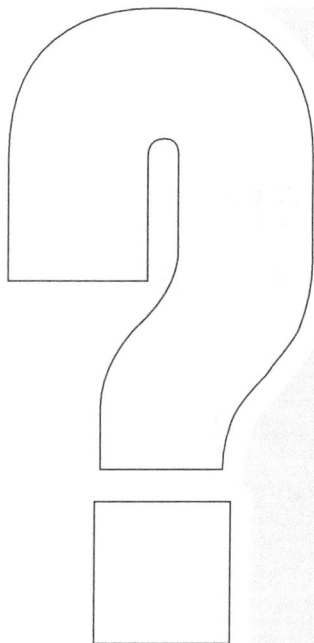

请你带着这些问题阅读:

▷ 价值传递是销售转化过程中最重要也是最困难的一步。你传递的价值和用户想要的一致吗?

▷ 价格的动态调整都有哪些策略? 这些策略又是如何通过数据思维来获得支持的?

▷ 你策划的所有的降价和促销活动,是否总能产生预期的效果呢?

> 营收，解决企业的一切已知问题。
>
> ——埃里克·施密特

当我还在谷歌（Google）工作的时候，施密特先生的这句话"营收，解决企业的一切已知问题"几乎在每个季度的全体大会上都会被提及。没错，任何一家企业的经营和成长都是要靠不断赢得市场来推动的，想要赢得市场，最重要的就是让用户选择你的产品和服务，而营收则是衡量企业能否赢得市场最直接的体现方式。所以，只要你还有健康的营收，通常也就意味着你依旧掌握着让用户选择你的"武功秘籍"。

而能让用户做出选择，来购买你的产品和服务，本质上在于这些产品和服务也成功传递出被用户所喜爱的价值。我们经常说，产品和服务的价值是遵循下面这个公式的：

产品和服务的价值 = 新价值 – 旧价值 – 迁移成本

我们在营销部门经常能听到产品力、服务质量、创新功能、前沿技术等内容，说的大都是这个公式的前半部分，也就是新旧价值之差。这的确也是最重要的、永恒的主题。2007年，乔布斯发布了第一代iPhone，一款集合了电话、多媒体播放器、网页浏览器功能的产生三合一颠覆性新价值的产品，绝对值得很多人忽略它的价格、扔掉自己的旧手机、忘记自己的随身听音乐播放器，冲上去选择它，但实话讲，能够如这般产生颠覆性新价值的产品和服务以至于迁移成本可以忽略不计的场景，真的是少之又少。换句话说，很多时候在一片红海竞争中，能为我们获取用户提供巨大帮助的，往往是这个公式的后半部分，也就是如何为用户降低迁移成本。如果说前半部分的新旧价值之差只能依靠产品设计的硬实力来实现的话，那么后半部分的迁移成本，则可以通过更动态和智慧的价格策略来实现优化。

我们都知道，价格虽然很多时候会受市场的影响，并不完全由产品和服务的价值决定，但其依旧是传递价值的最重要的载体。曾有研究报告指出：64%的消费者认为价格是他们购物时的第一考虑因素。因为价格本质上传递出的是交易双方对产品和服务的价值认知。传统的定价方式有很多种，有的基于成本定价，但也容易造成忽略外部市场；有的基于市场定价，但也容易造成被竞争对手反制；有的基于价值定价，但也更容易出现价格过高或套利的机会。所以，如何在合适的时间将合适的产品以合适的价格卖给合适的消费群体，从而使综合收益最大化，也就成了现代收益管理和企业动态价格调整策略的核心目标。

说起来容易，但如何更好地动态调整价格从而提升收益，是绝大多数企业都面临的困难。为什么这个事情不容易做成呢？因为一个好的动态价格调整策略，至少要有能力回答以下3个问题。

1）目标问题：为什么要调整？

2）范围问题：要调整哪些？

3）程度问题：调整多大幅度？持续多长时间？

首先是目标问题。我们已经不止一次提到，基于数据驱动的商业分析，清晰的目标从来都是必不可少的，而动态价格调整策略更是如此。企业究竟是为了实现利润最大化、营收最大化，还是为了实现市场占有率最大化，抑或是为了实现市场增长率最大化，都需要对症下药，结合产品和服务本身的特性与业务场景，来打造精细的定价方案。但这种精细度的操作，一定少不了数据思维的强力支撑。

其次是范围问题。特定促销时点或档期内的某个产品应该降价还是涨价？A产品和B产品同时促销是否会相互影响？消费者对某一类产品的价格敏感程度是高还是低？新产品要不要做价格的动态调整？清仓甩卖的时候价格策略又应该怎么制定？所有这些范围问题，只依赖人工经验的调价策略是很难高效应对的。

最后是程度问题。既然价格可以动态调整，那就存在一个限度。某个产品调价10%、15%、20%，活动档期的销量分别可能是多少？某个调价计划需要运行多久才能达到销量预期？给定费用预算，可能达到的最大销量又是多少？诸如此类的问题，不仅需要数据思维支撑的精细管理，还要能对调价结果实现监测和模拟，自然不是一件容易的事。

所以，精细化的策略需要数据思维的支撑，而数据思维的支撑自然也应该能推动综合收益的最大化。为了拥有更加动态和智慧的价格策略，我们来了解一下价值逻辑的三要素公式：

价值逻辑 = 品类要素 + 弹性要素 + 事件要素

接下来，让我们围绕这3个要素逐一展开。

价值逻辑之品类要素

一切价格的基础都是产品，而不同的产品一定需要不同的价格策略，所以想要用数据思维支撑动态的价格策略，第一步就需要做好产品分类。当然，产品分类的方法多种多样，但由于最终的价格策略一定是与销量、利润、市场占有率等业务目标强绑定的，所以我们通常也可以利用这些常见目标的各个维度，来帮助我们划分产品的品类。

举个例子，有一种常见的分类方式名为"销量—利润绝对关系"矩阵，其实就是通过销量和利润两大维度，把所有在售产品归到一个2×2的矩阵中，如图4-1所示。

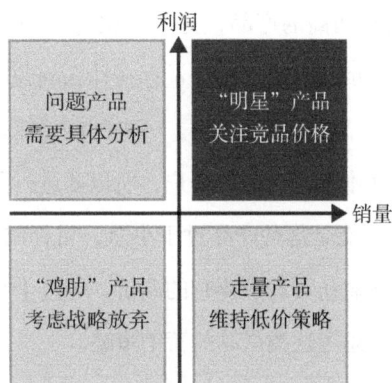

图4-1 "销量—利润绝对关系"矩阵

销量和利润都很高的产品，自然就是"明星"产品，这既说明用户对它的价值非常依赖或喜爱，也说明商家在这些产品上有比较舒适的利润空间。所以，当竞争对手希望建立价格优势来弥补他们在这类产品价值本身的不足时，通常是要引起我们足够重视的。因为我们的利润空间依旧可以支撑适度的降价，所以通过使用价格作为竞争的武器，"明星"产品的市场占有率和竞争优势是可以得到维护甚至提升的。

销量高但是利润较低的产品，属于典型的"薄利多销"类的产品，这里我们称其为走量产品。很显然，这类产品大概率是不能显著提高价格的，而适合维持较低价的策略，一方面可以保持销量的领先和市场占有率的稳定，另一方面可以通过后面要讲到的弹性要素去做更精细和量化的定价方案。

销量低但是利润高的产品，是一个很奇特的存在，我们这里称其为问题产品。倒不是说产品质量存在什么问题，而是说这类产品可能存在两种策略上的调整空间。一种问题可能是我们的定价过高了，屏蔽了一些本来需要它的用户，所以要进行更精细的定价分析；另一种问题可能是这种产品过于小众，目标用户的群体太小，所以虽然大家都愿意认可和追捧它的高价，但过于小的用户基数可能也需要我们重新思考这类产品的营销策略。

最后是销量低、利润也低的产品（即"鸡肋"产品），在两个核心指标上双双走低，这类产品确实值得我们思考是否需要战略性放弃，把腾出来的营销资源留给其他类型的产品。当然，这种矩阵划分是有极强时效性和季节性的，所以说战略放弃可能只是方案之一，按照一定周期去做战略性"雪藏"，也能实现阶段性的营销资源高效利用，以及产品定位的不断更新迭代。

当然，以上只是产品分类众多方法中的一种，只要是能反映出业务特点和品类属性的分类方法，理论上都是有效的。我们不妨来看一个真实的例子。我们之前服务过一家国际啤酒饮料品牌集团，它有着非常完善的产品矩阵，以及相当规模的中高端市场覆盖率，集团的整体运营还是比较顺畅的。但是集团管理者非常有前瞻性，他希望能够构建一个围绕渠道、区域和产品的更精细的收益管理工具，探索各个产品线的价格优化空间，推动对各个区域、各个渠道消费特性的科学管理，最终实现在提高决策效率的同时，提升集团产品线的整体盈利水平。

而我们要想把这件事情做好，则面临着一系列的难点：缺乏多维度价格影响因素的量化分析和消费者洞察；人工经验有局限性，缺乏对多个产品、区域、渠道的统一考虑；人工调价建议无法准确预估价格调整后的市场反应；人工调价以单目标为主，无法实现多目标下的权衡最优。所以，接下来就是品类要素将要发挥作用的时刻了。

在研究了相关产品矩阵的特点和运营方式之后，我们发现了影响需求的3个重要划分维度，分别是饮用渠道、地理区域及利润空间。饮用渠道就是现饮（在餐饮店的现场饮用）和非现饮（商超/便利店等直接售卖），很显然产品在这两种渠道下的销售方式有着巨大的区别；而之所以考虑地理区域，是因为啤酒饮料品牌是有很强的地域属性的，所以不同地区所面对的不同竞争对手品牌及当地不同的饮食习惯，都会对销售方式与定价策略带来不同的影响；而利润空间比较容易理解，这里就不赘述了。

在这样的分类指导下，我们围绕每一个类别进一步整合了市场需求，然后综合考虑了各商业约束和目标构建出了价格优化模型，最后还通过调价反馈监控模块来帮助集团衡量调价带来的真实影响。策略上线几个月的时间，在具备了落地可用的价格动态调整和优化能力之后，测算表明销售量提升了3.2%，销售额提升了4.1%，而毛利率更是提升了近5%，真正实现了整体盈利水平的提升。

所以，品类要素是我们实现数据价值逻辑的第一步，也是动态价格调整的重要基础动作。当我们能够构建出符合业务特点的产品分类，并以此来更精细评判调价带来的影响时，我们距离更加动态和智慧的价格策略又近了一步。

价值逻辑之弹性要素

大家想要对价格做出更加精细的调整，就需要了解一个非常重要的量化工具：需求价格弹性系数，或者称其为价格弹性。价格弹性是指产品的需求量对于价格变动做出反应的敏感程度，在数学上通常用需求量变动的百分比除以价格变动的百分比来表示，这个比值就被我们称为"需求价格弹性系数"：

$$需求价格弹性系数 = \frac{需求量变动的百分比}{价格变动的百分比}$$

这个概念最早是由著名经济学家阿尔弗雷德·马歇尔（Alfred Marshall）提出的，也是他的宏观经济理论中非常重要的组成部分。价格弹性实际上描绘的不是单一产品或人群，它更像是用来描绘消费关系的一种载体。换句话说，当产品发生变化、购买客户群体发生变化、时间发生变化，甚至其他外在因素发生变化的时候，都会影响产品的价格弹性。高弹性产品经常是指生活中的高价消费品，尤其是那些非必需的高价消费品，如某些电子产品、高档汽车、高档红酒等。之所以说它们的价格弹性比较高，本质上是因为不同消费者个体对每款产品的心理价位天差地别，价格的每一次波动都会让很多消费者转变消费态度。所以，伴随着一定的降价，高弹性产品的市场需求往往很容易变得蓬勃旺盛；而低弹性产品多为日常必需品，如碗筷、牙膏、被褥等。之所以有低弹性产品，本质上是因为消费者个体的价值认知和心理价位都是比较接近的，也许整体偏低或整体偏高，但微小的价格波动通常也不会让消费者转变消费态度，这类消费人群的需求较为稳定。当然，还有比较有代表性的一类，我们称其为"惰性弹性"，如珠宝、腕表等具有奢侈品属性的产品，反而会出现价格越高需求越大、越受欢迎的情况，这种弹性也会为定价带来直接的指导。

　　明白了价格弹性的定义，下一步就要剔除众多影响因素，还原出每个产品品类的真面目了。从任何一个"销量随着价格变动的时序图"开始，我们可以应用各种量化方法，首先剔除销量的季节性影响，然后剔除销量的自然增长趋势，最后再剔除不同区域的销量差异。那么，我们就可以得到一个"真实价格反映曲线样例"了（见图4-2）。

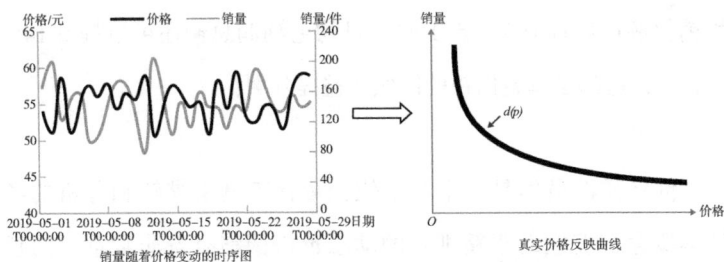

图4-2　真实价格反映曲线样例

再进一步地，我们就可以定下精细化调价的目标了，单品销售额最高、单品利润最大、产品组合销售额最高、产品组合利润最大等，都是我们制定更有竞争力价格策略的基础，也都可以进一步指导最优动态价格调整的算法设计。我们不妨来看看下面的例子。

我之前参与服务过的某消费品巨头，其拥有6个产品品类、数千个产品的庞大产品矩阵，但在日常时点和促销时点的价格决策全凭人工经验，没有经过量化分析和消费者洞察，决策之后也无法溯源和分析，更不用说准确评估投入/产出比值了，价格的动态调整往往达不到预期的效果，自然也就难以与财务部门达成一致意见。而我们刚刚讲过的品类要素和弹性要素，正是解决这些问题强有力的工具。

首先，我们对产品进行品类洞察的分析，包括内部竞争性分析和外部竞争性分析，对内避免各个子品牌产生侵蚀效应，对外摸清竞品价格策略；其次，我们通过大量的数据分析和模型计算，还原出了产品的真实价格弹性，构建了一个日常时期的价格优化量化方案。经过几个月的实际运行和A/B测试，该企业的日均销售额可以提升3%至10%，日均毛利润总额还可以提升14%至21%，这都是真金白银的巨额效益提升啊！

价格弹性虽然是一个非常依赖量化工具来求解和分析的经济学概念，但它对于精细化的动态价格调整有着非常重要的意义。这个意义不仅在于让我们能够计算出需求量对于价格变动做出反应的敏感程度，更在于其提供了一种构建算法的依据，使我们能够把动态价格调整这个一直以来高度依赖人工经验的事情，变成一个持续、科学、稳健的工具手段，可验证、可调优，还可复制。

价值逻辑之事件要素

我们不妨先从一个真实的客户需求入手。某休闲食品巨头品牌在多个线上渠道拥有电商旗舰店，每年都会投入巨额经费组织线上促销活动，而且正如消费者所熟知的，线上促销活动不仅频率高，形式也多种多样。但从这家企业的角度来看，巨大的促销费用投入也正在成为其经营负担。所以，如何通过一个量化工具，来帮助它分析旗下全量产品在线上的促销表现，进行日常价格分析，同时提高促销效率，提升用户黏性呢？

事实上，这还真不是某一家企业的特殊问题。推出新品可以促销、节假日可以促销、重大事件可以促销、直播带货也可以促销，但这些促销的效果如何呢？一份来自知名市场监测和数据分析公司尼尔森的行业研究报告曾经指出："消费品公司在产品促销上每年的花费多达1万亿美元，但约有40%的支出并未能产生期望的效果。"由此可见，在促销方面，有明确回报的比较少，促销活动本身也有巨大的优化空间，而如何从这个优化空间中挖掘出潜力，就是这里要给大家讲解的事件要素。

我们常常认为，促销能够有效地吸引客流，还能明显提升销

量，而销量提升就是品牌认知度的提升，因此销量也经常是促销
成功与否的唯一考核标准。但真的是这样吗？事实上，促销引流
带来的，并非一定都是优质客源，过度频繁的促销会造成严重的
比价与囤货现象，甚至会造成同质化竞争加剧，使得促销带来的
销量提升也会逐年下降。而且，如果把促销带来的销量提升与品
牌认知度直接挂钩，就会让众多品牌商陷入"大促大动，小促小
动，不促不动"的怪圈，也更加容易被过大、过频的促销损害了
自有品牌的建设。那怎样才能解决促销费用效率低、促销达成效
果差，以及促销准确备货难这样的痛点呢？

这里有两个核心要点，分别是还原促销的真实价值，以及把
握线上线下的渠道差异。我们分别来拆解一下。

首先是对销售进行拆解，找到促销带来的真实价值。我们可
以根据销售趋势、季节性等历史信息找到促销之前的销售水平，
也就是"日常销售基线"，然后以此为基础，基于实际销售数量
的统计计算出促销带来的销量提升。其次，我们还需要减去一系
列的损失，如促销成本的投入（包括折扣、赠品、流量等）、促
销时其他产品受到"蚕食"损耗的销售、促销时消费者提前囤货
对未来销售的损耗等。最后，不要忘记加上促销时其他产品由于
交叉销售而增加的销量，也就是所谓的光环效应，这样我们大概
率就能测算和还原出促销的真实价值了（见图4-3）。

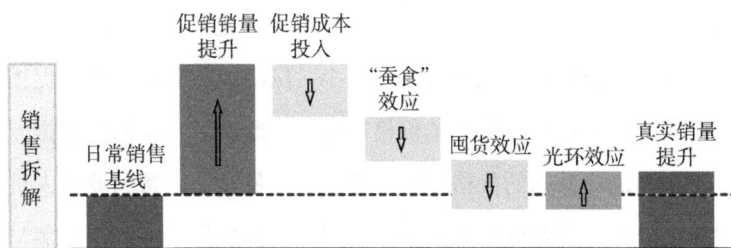

图4-3 还原真实促销价值的拆解流程

其次就是把握线上线下的渠道差异，虽然对于我国的零售市场来说，全渠道将是现在及未来很长时间内不可避免的趋势，但因为线上线下消费者对价格的反应有所不同，我们还是要学会在策略上区别对待。举例来说，在线下渠道的场景里，消费者更重视服务和体验，往往具有更低的价格弹性与更慢的调价反馈，工作日与节假日消费模式差异较大，促销活动的方式较传统，而且地理位置是促销效果的关键影响因素。而线上渠道呢，消费者往往更关注价格，具有更高的价格弹性与更快的调价反馈，80%的销售几乎都是由各种促销活动所驱动的，形式多变且每年推陈出新。也正因为如此，我们往往需要对线下场景中的直营、大卖场、经销商、批发商、零售商等不同分销模式采用不同的算法分析，而需要对线上的促销场景做更精细的量价关系刻画，以及广告流量分析和优化。

所以，回到前面介绍的休闲食品巨头品牌的例子，问题也就没有一开始看上去那样让人无从下手了。我们帮助该企业建立了一套可量化、可复盘、可追溯的智慧促销体系，不仅精细地拆分出了每个品类在非促销时期的销量基准，还原了促销的真实价值，而且结合促销的流量来源和大小，围绕业务目标输出了促销活动的选品推荐和最优促销价格建议。与此同时，我们还根据流量大小和最终采纳的价格建议，输出了销量预估，帮助业务人员快速决策并显著降低了人工干预时间。这样操作下来，销售额与促销投资回报率均得到了显著的提升，具体来说，超过20%的促销活动成交总额提升、16%的促销投资回报率提升，以及超过15%的促销活动预测准确度提升，这就是我们期望通过事件要素从促销中获得的更大收益。

上个台阶

这一章我们都在讲解如何通过更加精细的价格动态调整来优化企业的收益，但你一定会问："这样的价格调整，与价格歧视的区别是什么呢？"事实上，有3种可能的情形会使价格产生区别，如分类定价、动态定价、价格歧视。这里简要地做个说明。

首先是分类定价，这里的分类，是指对不同的产品和服务进行区分。举个例子，一款打车软件最开始可能只有一种车型和一类价格，但用的人逐渐多了，人们的需求也变得众口难调，在同一个品牌下就会细分出诸如快车、专车、豪华车等不同的服务，来应对不同用户群体的需求，而这些不同车型对应的价格，自然也会不同。比如，小米公司推出红米作为性价比的代表、丰田汽车公司为了构建高端形象推出雷克萨斯（LEXUS）等操作，也都是同一个道理。所以，分类定价往往是品牌为了迎合更广泛的用户群体需求将产品和服务升级后而出现的。

其次就是我们这一章所讲的动态定价。在同一大类的产品、服务和目标人群条件下，我们可以根据市场变化和营销事件，实时计算产品的价格弹性，找到最优的利润点，从而进行动态调价。注意，我们所讲的所有动态价格调整策略，都是将整个市场视作一个整体而进行定价的，所以这里也同样不存在歧视问题。

最后则是价格歧视。我们经常听到的"大数据杀熟"，说的就是把价格策略拆解到消费个体去看待，虽然是同样的产品和服务，却希望将提供给每一个消费者的价格尽量去贴近这个个体的心理价位的极限，以此来增加销量。在高价位的消费者身上获取利益，并同步刺激低价位的消费者消费，这就是典型的价格歧视，也是我们在企业经营和赢得市场的过程中一定不能触碰的红线。否则，就算看上去有了一时的收益，企业却真的无异于在饮鸩止渴。

划重点

1. 如何在合适的时间将合适的产品以合适的价格卖给合适的消费群体，从而使综合收益实现最大化，也就成了现代收益管理和企业动态价格调整策略的核心目标。

2. 精细、智慧的价格策略需要数据化能力的支撑，你可以通过价值逻辑的3个要素来帮你厘清思路。这3个要素分别是品类要素、弹性要素和事件要素。

3. 分类定价体现价值差异，动态定价体现消费关系，而价格歧视则万万不可取。

05

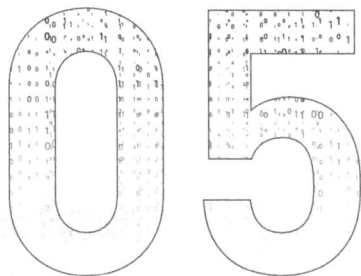

让用户依赖你：

用迭代逻辑增加用户黏性

请你带着这些问题阅读：

▷ 用"小步快跑，快速迭代"的逻辑捕捉用户需求，与"追求完美，一步到位"的工匠精神矛盾吗？

▷ 每一次迭代背后的数据思维逻辑是什么，又如何判断每一步所收集信息的价值？

▷ 如何更有创造力地营造用户黏性？

> 一个人同时保有两种截然相反的观念还能正常行事，这是第一流智慧的标志。
>
> ——弗朗西斯·斯科特·基·菲茨杰拉德

关于赢得市场，我们已经讨论了如何了解目标市场，分析了如何抓住用户的注意力，也研究了如何赢得关键用户，那么在这一章里，作为"赢得市场"部分的最后一个板块，我们来讲解一下如何营造用户黏性。

什么是用户黏性？顾名思义，黏性意味着用户的信赖，意味着企业对用户再消费的期望，也意味着用户的忠诚度，甚至还意味着用户为企业的品牌代言的愿望。所以这是一件好事情，也是每家企业都希望营造和加强的，因为从本质上来讲，拥有用户黏性的产品和服务，必定也拥有持续满足用户需求的能力。可用户的心就像海底的针，企业怎么才能持续性地满足用户多样化的需求呢？有的人说要靠精细的设计，追求完美，才能如乔布斯般引领趋势潮流；也有的人说要用"小步快跑，快速迭代"的逻辑，用最低的试错成本快速摸索出用户需求，而这也似乎是当下一众成功的互联网公司所奉行的金科玉律。所以，我们可能有必要先花一点儿时间讨论一下，到底哪个才能更好地帮助我们捕捉用户需求，从而营造用户黏性和忠诚度呢？

这可能就是为什么我要在本章开头引用20世纪知名作家菲茨杰拉德的那句话了。追求完美与快速迭代，虽然是两种看上去截然相反的产品设计理念，但对二者的融会贯通，才是最大的智慧，而如果我们把任何一种理念推向了极端，都可能违背这种理念的初衷。举个例子，如果你是完美主义产品理念的奉行者，却不能平衡市场需求和工作效率的要求，那就很可能要被迫面对几种典型的"走极端"场景：1）把所有细节看得同等重要。带着"如果没有做到一切完美，就一无是处"的沉重压力，也就没法及时对各种问题进行优先级的判断，把完美主义的工匠精神用在那些最重要的环节；2）有了完美计划再动手。面对快速变化更迭的商业世界，始终坚持从一开始就对计划的每一个实施细节进行周密的设计，最后进入一个"因为始终找不到完美方案或由于业务场景不断更新变化 => 所以计划永远停留在纸面 => 从而带来进度的严重拖延 => 最终迫于最后期限的压力虎头蛇尾 => 从而需要面对更大的需求压力"的恶性循环；3）事必躬亲，微观管理。不能把手头的事情授权给别人，甚至很多时候宁愿亲力亲为、手把手地指导，并觉得只有自己才能做好这些事情，最终让那个看上去"三头六臂"的自己成了瓶颈。

而事实上，我们完全可以用完美主义的工匠精神去把握长期战略目标和优先级的判断，同时用快速迭代的方法应对瞬息万变的商业需求，从而避免让自己陷入事无巨细的管理和对失败的焦虑中，这岂不是更大程度地发挥了完美主义价值的上策了吗？所以在这一章里，我会在保持精益求精工匠精神的前提下，着重讲解如何用快速迭代的逻辑来营造用户黏性，因为在这些迭代逻辑的背后，也有不少重要的数据思维要素可以供我们鉴赏和思考。

当然，那些通过用"小步快跑，快速迭代"的逻辑取得成功的企业，在它们闪亮的光环下，也许还有很多尚未掌握这套逻辑精髓的企业还在挣扎和犹豫，因为要想精通迭代逻辑，大家要有能力回答这3个关键问题：

1）每一步迭代背后的数据思维逻辑是什么？

2）如何判断每一步所收集信息的价值？

3）如何为下一步的迭代选取方向？

因此，为了能更好地回答这3个问题，进而更高效地把握用户需求并营造用户黏性，我们来了解迭代逻辑的三要素公式：

迭代逻辑 = 假设检验要素 + 信息价值要素 + 可行方案要素

接下来，让我们围绕这3个要素逐一展开。

迭代逻辑之假设检验要素

曾听到过这么一句话，叫作"先开枪，后瞄准"，也可以算是对"快速迭代"的另一种概括吧，而且它甚至还把快速推动第一步的重要性放在了保证初期精准度之上，魄力满满。我们暂且抛开这个逻辑是否严谨不谈，但是"瞄准"二字，着实说出了迭代逻辑的精髓之一：迭代过程一定是一个不断校准的过程，而想要校准，则必须有可以瞄准的靶心及可以用来测量与靶心差距的工具。这就是这里我们要讲解的迭代逻辑的假设检验要素。

我们不妨先来看一看假设检验的定义：假设检验是一种统计推断方法，它是为了判断一个关于总体特征的假设是否成立而使用的一种方法。这样说有点儿抽象是不是？我们来看一个例子。比如你是一位综艺节目的导演，正在为自己的新节目取名字。这时，有人对你说："嘿，你发现了吗，那些收视率非常高的综艺节目，好多都是5个字的名字，所以想要自己的节目脱颖而出，你也要把节目名字策划为5个字哦！"所以，这立刻就出现了一个关于总体的特征，需要你来判断是否成立：名字为5个字的综艺节目更受观众喜爱。那怎么检验这个假设呢？我们可以收集一系列5个字名字的综艺节目和它们对应的收视率，再收集一系列名字不是5个字的综艺节目及其收视率，而如果上面的假设成立，那就意味着第一组节目的平均收视率应该显著比第二组节目的平均收视率高（从统计意义上来讲）。但如果你用了统计推断方法计算之后就会发现，两组节目的收视率其实没有什么差别。这就说明如果前面的假设依旧成立，那么你很可能单单在这一次试验中只收集到了一套小概率的样本，而如果这个小概率已经低于了某个你设定的阈值（比如1%），那我们就真的可以拒绝前面的假设，从而做出判断了。

所以，假设检验本质上是一种带有概率性质的反证法。因为"小概率事件"在一次试验中发生的可能性很小，所以，我们可以通过预先提出某个假设，再结合适当的统计方法确定假设是否成立，从而来帮助我们做出判断。

事实上，每一步的产品快速迭代，都是在努力把一个新功能推向市场，然后快速获得一些用户反馈，从而基于这些反馈数据来验证一个重要的假设：产品的新功能已经成功地捕捉到了用户的某个具体需求。这也正是为什么，如果我们去看假设检验里面仅有的两个关键词，"假设"就是每一步迭代的靶心，而"检验"也正是测量距离靶心差距的工具。

那么，如何把每一步迭代的假设检验做好呢？你需要做对这3件事情：

1）能够定义出清晰、明确的假设；
2）能够把影响因素剥离出来；
3）能够找到可观测、可度量的比对标准。

首先是给出假设的定义。假设检验通常是指在你对结论不是很确信的情况下，需要通过收集数据来对假设进行验证，如我们这里所讲的，通过"小步快跑"不断摸索和捕捉用户需求的过程，往往都是没有大量历史信息可以借鉴的未知场景，自然也就需要不断地提出假设，进而去验证。那么，怎样的假设才是符合要求的呢？简单地说，你想推翻什么结论，你就把这个结论作为假设。因为证伪终究还是比证真要容易不少，所以按照我们上面介绍的"概率性质的反证法"，只要能观测出一组小概率事件的发生，证伪这个假设就会变得水到渠成。还以前面为综艺节目取名字为例，如果你对朋友所说的结论比较怀疑，那就可以像上面一样把假设定为"名字为 5 个字的综艺节目更受观众喜爱"；而如果你比较接受这个结论，那么假设就可以根据结论的强弱不同，设定为诸如"综艺节目受观众喜爱的程度与名字的字数无关""名字为 5 个字的综艺节目和名字为 4 个字的综艺节目同样都受观众喜爱"等形式，然后通过统计数据分析，或者去证伪这个假设，或者去说明这个假设暂时无法被推翻。

其次剥离影响因素。还是回到为综艺节目取名字的例子，虽然字数和观众喜爱程度的因果关系我们不得而知，但很明显的一点是，一定还有很多除名字字数之外的因素会影响综艺节目的受欢迎程度，如人员组成（名嘴、明星、专家、路人……）、节目类型（游戏类、选秀类、谈话类、招聘类、晚会类……）、播出渠道（电视台、视频网站、直播间……）等，而如果把这些因素都混合起来做检验，自然也就无法很好地判断出名字字数与观众喜爱程度的关系了。大家可能经常听到一个词语，叫作"A/B 测试（A/B test）"，说的就是只把需要被测试的一个维度做出调整，其他所有影响因素都尽量控制不变或保持一致，这样得到的结论才能尽可能精准，说的就是这个道理。所以，如果想有一种高质量的假设检验，我们也许需要把收集的样本控制在相近的人员组成、同样的节目类型、相似的播出渠道的节目中，那样得出的结论才更有说服力。

最后则是找到一个好的度量标准。"观众喜爱程度"可以通过收视率来对比，但也可以有很多其他量化指标来帮助我们评估，如点赞量、正向评论量、转载量、媒体报道量等，关键在于它必须得是你关心的指标，并且可以用数字量化。同样的逻辑，我们开发一种新功能，迭代收集的信息可以是销量的数字，可以是用户的售后反馈，可以是线上"大V"的开箱测评，也可以是竞争对手的市场表现，但不管怎样，只要它符合你的迭代目标，并且可观测、可度量，那它就是一种可以支持高质量假设检验的比对标准。

当然，即便做好了这3点，我们还有一系列的技术动作要完成，这样才能构成一种完整的假设检验，如判断统计分布、设计统计量、确定显著性水平、确定拒绝域、计算统计量的大小、计算P值等。但说实话，在我看来，这些动作虽然技术门槛比较高，但本质上都还只是数学和工具意义上的复杂，而从数据思维的意义上来看，它们反而相当简单、直接。当我们真的能掌握假设检验的逻辑精髓，并成功走到了使用统计工具进行样本计算这一步的时候，我们真的就已经到达了对快速迭代进行假设检验的最后，也是最简单的一步了。

迭代逻辑之信息价值要素

假设检验固然是一种强有力的思维工具，但很显然，每一步的迭代也都可以产生出多种假设来供我们收集信息并验证，然而时间不等人，市场也瞬息万变，在有限的资源条件下，我们不可能也不必穷尽每一种假设，甚至可能只挑选一两种假设进行分析，就可以把下一个迭代快速地推动起来了。这种优先级的判断能力，是迭代逻辑中另一个我们必须掌握的能力要素，被称为"信息价值"。

信息价值听上去并不会让人感到太陌生，尤其是在大数据时代里，人们似乎越来越认同，信息都是有价值的。但我并不是要在这里泛泛地谈论信息的重要性，而是要厘清关于信息价值的几个常见误区。第一，信息的价值并不是客观永恒的，而是依托于你要解决的问题而存在的，这就好比一条影响某只股票板块未来走势的信息，对我们的投资策略一定是有价值的，但对于明天是否会下雨、上班时要不要带雨伞这件事来说，它的信息价值就很可能等于零。第二，信息价值有高低之分，但并不是信息越多价值就越高。我们总喜欢把收集信息作为提升价值、应对不确定性的手段，但在信息价值这件事上，战略上的勤奋远比战术上的勤奋来得重要。第三，信息的价值是有时效性的，时间变量也可以成为决定信息价值的重要因素，所以收集信息的速度有时也至关重要。

那么，关键问题来了："在有限的资源条件下，我们怎样才能快速聚焦和收集最有价值的信息呢？"这就需要我们通过信息的"影响属性"和"经济属性"来做好信息收集的断舍离。先说"影响属性"，一条信息具有价值，一定得以某种形式影响到当前需要做的决策，如知道或不知道这条新的政策信息，很可能会让我做出不同的投资决策，所以我当然会愿意花费更多的时间来了解关于它的信息，但如果这条信息不会影响我带不带雨伞的决策，那自然没必要为了了解它而花费时间。所以，举个极端的例子，假设这条信息是对于机动车尾号限行措施的调整，恰巧让我的汽车明天的限行被取消，我可以开车去上班了，那这条信息也许既能影响到能源板块的投资，也能影响到我明天带不带雨伞的决策，它的信息价值就同时覆盖了这两个场景。这就是"影响属性"。我们也可以根据相应的"决策影响程度"，从各种高相关度的信息里来评估信息价值的大小。而通常来说，可以反转现有决策倾向的信息，往往应该是你重点关注的优先级信息；而可以支持现有决策倾向的信息，同样也是值得认真收集和评估的信息。

再说"经济属性"。简单来说，虽然信息很有价值，但不是所有的信息都是无价的，一条信息的价值就算再大，它终归也会有一个上限，而这个上限也就决定了我们愿意为了获得它而付出的最大资源。当然，如果只是一个数量比较，问题也就简单了，因为在更多的时候，我们为了获取信息所投入的成本，同时也会在很大程度上影响收集到的信息的精度。所以，想要更好地控制高价值信息的获取成本，不仅要尽可能地减少同类型或可能重叠的信息收集，更要在成本相近的条件下，优先关注那些更高精度的观测。

　　我们不妨来看一个真实的案例，这是我参与过的一个商业分析案例，也是一个快速迭代、收集信息，然后做出判断的典型场景。当时该公司的一个全新的产品在某地区上线两周后，用户增长的速度不仅显著低于预期，而且也显著低于其他地区的同期增速。很显然，用我们学过的假设检验要素来看，有些假设需要被验证了。商业分析师一通操作，列举出了影响新品上线拉新的4个维度：品牌认知度、产品功能、产品使用体验、产品价格，然后围绕它们逐个进行了小范围的A/B测试和假设检验（详细过程可以省略），最后初步判断，这个地区用户增速不及预期的影响因素，从高到低依次是：品牌认知度偏低、产品价格偏高、产品使用体验不佳、产品功能缺失。

　　如果按照当前的结论，老板的现有决策倾向自然是再来一波品牌营销，先把品牌认知度提上去再说，但是，用我们刚刚学过的信息价值要素来看，那些可以反转现有决策的信息，有可能在决策做出之前还会带来巨大的价值。比如一切和这个新地区价格敏感度的反馈，以及一切和产品使用体验相关的反馈，等等。因此，此时此刻对这些信息进行收集的优先级，要暂时高于对品牌认知度不够高这个假设进行确认。

　　用"影响属性"选择了信息收集的方向，那么接下来就要考虑"经济属性"了。收集这些新信息也有不同的渠道，如关于价格敏感度，至少可以有3个收集渠道：宏观市场分析报告、竞品调研及本产品流失用户的问卷调查。很显然，这3个渠道收集的信息属于同类信息，不必重复收集，而信息精度则逐个递增，所以从快速和成本可控的角度，通过对流失用户进行问卷调查变成了首选。

当我们对流失用户进行访谈后，发现他们中的大部分人都提到了产品价格过高的问题，这和其他地区流失用户的访谈结果很不一致，也说明价格恰恰是这个地区目标用户的独特之处。所以经过这样一番信息价值的应用，老板最终选择了先进行动态调价、待增速稳定后再补充进行一波市场宣传的策略。而在3个月后，这个地区的实际用户增速甚至已经超过上线前两周增速最好的城市，最终成为用户增长的耐力冠军。

所以，信息的价值可大可小，我们的时间和资源却一直有限，当你不仅能用假设检验的逻辑去完成验证，还能用信息价值的逻辑去判断优先级的时候，我们营造用户黏性的"快速迭代"，也就成功了一大半了。

迭代逻辑之可行方案要素

我们推出了新功能，我们也提出了新假设，我们还收集了新信息，那么为了进入"小步快跑"的下一个循环，我们还要为快速迭代的下一步找到方向。这就是我们这里要讲解的迭代逻辑的可行方案要素。

如果大家对机器学习稍有了解的话就会知道，里面的很多算法都是通过迭代的思想，在一步步调整参数的过程中逼近最优解的，所以其中的很多思路可以为我们所借鉴。其中，一种非常通用的优化算法叫作"梯度下降法"，它在每一次迭代后为下一步选取的方向，都是通过"最大负梯度"来判断的。这个名词很抽象，但我举个例子你就明白了。就好像我们从山顶某个位置下山，我们并不知道山脚的具体位置，所以每一步只能通过感知脚下的坡度、沿着坡度最陡的方向迈步子，然后判断自己所处位置的梯度，再寻找下一个最陡的方向，直到我们认为自己已经到达山脚。

这种"最大负梯度"的选取迭代方向的方式对我们非常有启发意义，因为我们在不断地推出新的功能和服务，就是为了最大限度地迎合并满足用户需求、营造用户黏性，所以在面对每个新迭代的时候，我们的可行方案，也应该是我们走向用户需求过程中的"最大负梯度"方向，不仅要把需求描述准确，还要把步子迈大。

行为学研究告诉我们，人们对可行方案通常有3个倾向性：容易选择第一个可能的方案、容易受到假想的局限及不容易确立颠覆性的高标准。所以，当我们有比较多的可行方案时，挑出一个"最大负梯度"的方案通常问题不大，但是当可行方案不够多，甚至让决策者说出"别无选择"的时候，反而会出现方向选择层面的大问题。因此，这里提供的3种方法，通常能帮助我们挖掘出更多也更有创造性的可行方案。

第一种方法是"用反面方案提高下限"。产品和服务的设计经常会陷入为了满足需求而不断增补功能的惯性思维，但如果我们能时常用做"减法"的视角来思考反面方案，也许效果会更好。如果你看过乔布斯在2007年发布第一代iPhone时的演讲，就会记得他在介绍设计灵感时一直在提问："我们为什么要保留既难看又难用的物理键盘？我们可不可以放弃既不方便还容易丢的触屏笔？"于是才有了触摸屏、多点触控等这些如今已成为智能手机标配的设计灵感。所以，这就是典型的反面方案，它不仅帮助我们从惯性思维中跳出来思考用户的真实需求，还能直接激发出创造力，彻底提高我们的方案下限。

第二种方法是"用时间跨度定义格局"。如果我们需要结合用户需求迭代一个产品的新功能，那么问问自己："在一年之后，用户还需要这个功能吗？3年、5年之后呢？"我自己带领产品研发团队的时候就很喜欢提出这个问题，因为它能帮助你意识到很多自己认为特别时尚的功能设计，其往往经不住时间的考验。而把时间跨度拉长，则会推着你不得不去思考市场未来的趋势，以及用户需求的真实性和紧迫性。纵观历史，产品中"补丁式"的新功能设计，大多都无法激起历史长河中的哪怕一点儿浪花。

第三种方法则是"用方案组合发散灵感"。谷歌用极强的搜索技术赢得了用户的喜爱，但搜完即走，不搜不来，也是搜索引擎用户的特性。所以想要营造更强的用户黏性，谷歌需要让搜索功能更多地出现在用户眼前，于是便有了谷歌邮箱（Google Gmail）、谷歌地图（Google Map）、谷歌日历（Google Calendar）、谷歌云端硬盘（Google Drive）等一系列产品矩阵和方案组合，以搜索为中心，给用户提供了一个办公平台，这样的用户黏性，自然也是实打实的铜墙铁壁啊。

上个台阶

这一章我们讲了迭代逻辑的若干要素，以期能够更好地营造用户黏性。如果你还记得我们在价值逻辑中讲过的产品服务价值公式（产品服务价值＝新价值－旧价值－迁移成本），你就会发现这些要素或者是在努力提高新价值，或者是在降低用户从别处迁移过来的成本，但只要总的价值在增加，我们就有更大概率创造更好的用户黏性。

但还有一种情形，被称为"伪黏性"，好比通过大量的"烧钱"补贴留住用户，或者是通过故意营造封闭生态、为客户更换服务制造困难等方式，也能在短时间内实现某种程度的黏性，但这种黏性真的健康吗？如果我们还用上面的价值公式去做分析就会发现，这些"伪黏性"动作，本质上只是增加了用户离开我们现有产品和服务的成本，但从当前产品和服务中获得的价值是毫无变化的，所以这样获得的一切黏性，都是缺乏价值支撑的空中楼阁，但凡有一个聪明的对手，能用"小步快跑，快速迭代"的逻辑方式为用户创造更大的价值，这些"伪黏性"就会立刻消失。所以，用户忠诚度真的是买不来也抢不到的，只能靠价值和信任才能换来。

划重点

1. "小步快跑，快速迭代"的逻辑不仅不会和精益求精的工匠精神相矛盾，还能更好地帮助我们营造用户黏性。

2. 要把迭代逻辑弄清楚，我们不仅要清楚每一步迭代背后的数据思维逻辑，还要能取舍每一步要收集的信息并为新的迭代选取方向。我们可以通过迭代逻辑的3个要素来厘清思路，它们分别是假设检验要素、信息价值要素和可行方案要素。

3. 营造用户黏性的本质在于提升为用户创造的价值，所以"伪黏性"注定无法长久。

第二部分

收益与效率

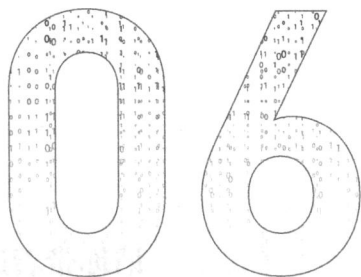

06

降本增效：

让优化逻辑帮你铺平
智慧运营的道路

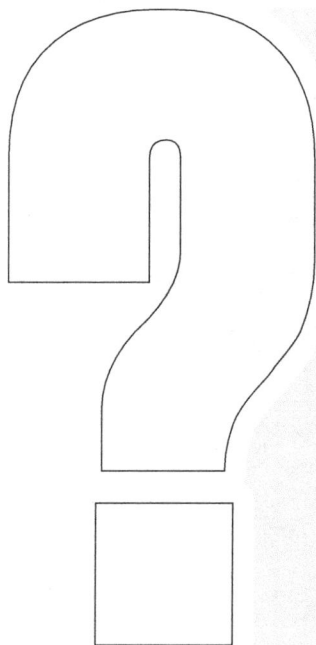

请你带着这些问题阅读：

▷ 为什么掌握精细化运营的能力在大数据时代对企业来说显得尤为重要？

▷ 从精细化运营中得到收益与效率，你的企业还在靠人工经验支撑吗？

▷ 优化逻辑可以在哪些场景中产生价值？

> 宇宙万物，演进更替，总有某种形式的最大化或最小化存在其中。
>
> ——莱昂哈德·欧拉

2016年我回国创业，那时我已经在美国工作、生活了8年多的时间了，在硅谷知名的公司拥有自己的团队，所以很多人问我为什么要回来。说实话，那个时候如果和别人讲，当我看到中国的企业在经历了"大数据"洗礼之后，都想依靠数据驱动产生一些价值，也看到企业随着宏观经济增速的放缓，一定会越来越需要精细化运营的能力时，很多人会不理解，也有不少人会摇摇头觉得太遥远看不清，更多的人则会友善地拍拍我的肩膀并说上一句"祝你好运"。但是6年后的今天，作为一个躬身入局地参与了中国产业数字化转型升级的亲历者和技术服务者，再回头去看，你会发现，数字经济已经上升为国家战略，供给侧结构性改革已经成为释放实体经济活力的重要抓手，工业互联网为制造业的价值协同指明了方向，企业的供应链优化和降本增效也已经在后疫情时代成了管理者的必修课……从宏观到微观，这些变化都在印证着一件事：商业组织在大数据时代具备精细化运营的能力，已经成了刚需要求。数据必须成为企业收益和效率的核心支撑，数字化转型"不翻身就翻船"已经慢慢变成了一种共识。

当然，光说数字化转型这个抽象的概念，不同的企业家会有不同的理解，但如果把这种共识进行拆分，有4个方面的能力诉求是高度相似的，如数据驱动、决策导向、寻找最优，以及快速前瞻。

首先是数据驱动与决策导向，之所以要把这两个诉求放在一起来介绍，是因为在当下的商业环境中，它们真的是密不可分的。数据驱动自然不难理解，流行了十多年的"大数据"概念，让各行各业、大大小小的企业都在积累数据，既然数据已经被视为新一轮技术革命的重要生产资料，那么对于绝大多数已经享受过市场红利驱动发展的企业来说，由数据驱动发展的能力一定是必要的。很显然，就像再好的食材也需要恰当的烹饪才能变成美味的菜肴一样，光有数据作为生产资料还远远不够，时尚的数据大屏也许能帮助我们"全局可视"，复杂的神经网络也许能把不确定性描述得比原来更精细，但企业管理者需要能通过数据对"什么时间点把什么资源花在什么事上"这种问题给出更好的回答，因为它所解决的，是能够切实提升企业运营收益的问题，是一个资源配置问题，更是一个决策问题。

而事实上，如果我们的企业已经对解决上面的问题驾轻就熟了，也就不会存在寻找最优和快速前瞻的诉求了，可在真实的计划和运营过程中，我们却总能听到这样的声音："生产计划无法应对波动的市场需求""计划一套、执行一套，缺乏有效的执行工具""随着业务的扩张，传统依赖人工做决策的方法已经行不通了""库存成本居高不下，缺货与浪费并存""没有应对特殊事件的供应链管理能力，危机发生时常常手忙脚乱"等。靠人工、效果差、难应变是绝大多数企业在面对数据驱动的决策问题时常见的痛点，这就是为什么我们需要找到最优决策，并且通过对未来不确定性的分析实现快速前瞻，这也是这一章里我们要详细展开介绍的优化逻辑。

在优化逻辑的背后，是有一门叫作"运筹学"的学科来做支撑的，它是决策科学的一个重要分支，也是研究运营决策最重要、最有效的方法论之一。这里为大家做一个简单的科普：现代运筹学起源于第二次世界大战（以下简称"二战"）时期，一些军队开始使用数学模型解决各种作战问题，如雷达部署问题、运输船队的护航问题、反潜深水炸弹投掷问题、飞行员长机僚机配对问题、太平洋岛屿军事物资存储问题等，并通过这些问题的解决保障了最后的胜利。而在二战结束后，人们将运筹学应用到企业管理中，为经济发展加速，尤其在欧美国家被广泛应用在生产、服务、金融等行业之中，运筹学的各个重要分支也得到了快速的发展。

所以，优化逻辑本质上解决的问题都是要寻找在满足约束的条件下，能够最大化或最小化实现某一目标的最优决策，正所谓"带着束缚跳舞，让舞姿最美"。这也就决定了优化逻辑可以解决的问题是非常广泛的，从收益管理问题到路径优化问题，从供应链优化问题到生产优化问题，从资产配置和风险控制问题到水、电、能源网络的布局和分配问题，优化逻辑无处不在。而优化问题背后的数学逻辑基本都遵循下面这样一个公式：

$$\text{minimize}_x \quad f(x)$$
$$\text{subject to} \quad g_i(x) \leqslant 0, \quad \forall i = 1, ..., s$$
$$\qquad\qquad h_j(x) = 0, \quad \forall j = 1, ..., t$$

其中，x 就是我们要寻找的最优决策变量，$g(x)$、$h(x)$ 这些决策变量的函数就是我们要遵从的约束条件，而 $f(x)$ 则是我们希望实现的最优目标。用路径优化举一个简单的例子你就能明白，x 是我们要选取的最优路线，约束条件可能是交通规则和车的装载上限，那么最优目标则可能是要让完成送货的总时间最短。

在这样一个有限资源下寻找最优的优化逻辑，在服务和赋能企业运营的时候，往往会在一个从生产到采购、从仓储到物流、从履约到销售的全链条上，为供应链的资源调度提供支撑（见图6-1）。所以，这一章我们选择跳过复杂的算法理论，而把焦点放到众多的典型场景上，用大量的案例来说明优化逻辑是如何在工业制造场景、零售消费场景及基础设施场景中应用并产生价值的，真正实现了精细化运营和降本增效。

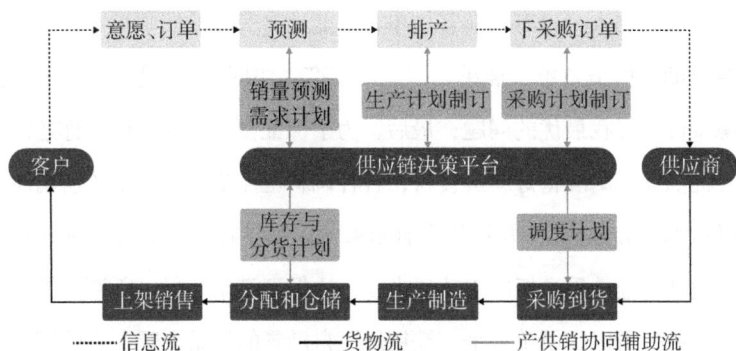

图6-1　全链条的供应链决策平台样例

优化逻辑之工业制造场景

如果你觉得某些制造业的场景离你比较遥远，那我们不妨先来看一个生活中的例子。大家也许都吃过一种叫作"铁板烧"的自助餐，十几个座位围绕着一个烹饪台，一位厨师站在烹饪台前，沉着而熟练地把这十几号人所点选的食材烹饪出来，再准确地送到每个人的盘子里。听着挺容易，但如果把你放到厨师的位置，你就会发现自己正面对着一个典型的生产制造场景：首先，订单是分先后顺序的，你既希望能够最大限度地把大家都点选的同种菜品放在一起加工，省时省力（所谓批量生产），又不能为了凑单而让先点餐的顾客等太久（所谓订单交期）；其次，每种食材的加工工序和时长都是有区别的，有的只要几十秒就好，有的则要五六分钟才可以，有的需要不停地翻炒，有的还要添加配菜，但所有这些都是在同一块烹饪台上完成的，位置有限（所谓混线生产），如何排序并且划分优先级，又是一个值得深思的问题；再次，在加工过程中，有新顾客加入，也有老顾客加单，可能还有旁边的厨师忙不过来需要协助（所谓急单、插单、多工厂多产线协同），又是在有限的资源条件下寻找最优的问题；最后，为了保证食物美味可口，你还需要提前让后厨准备好新鲜食材，各种调料也需要供应充足（所谓原材料库存和采购），并且如果有新来的厨师正在慢慢适应，你还要一边帮助他熟悉烹饪的工艺要求，一边保证订单交付（所谓产能爬坡）……所以，单单一个"铁板烧"自助餐的场景，听上去就够复杂的了，而如果变成上百个工厂、十几万种零部件和半成品、多层级的复杂BOM（物料清单）结构、各种版本和替代料要求、各种环保和出口要求等约束混在一起的复杂运作场景，我们就真的需要通过优化逻辑来帮助我们更好地实现生产资源的协同调度了。

我国的制造业庞大而独特，而我们的广大制造业企业，也都在或多或少地面对着市场需求大幅波动、原材料半成品库存积压、供应链网络复杂且成本居高不下、采购周期长导致供应稳定性有限及多品种小批量的交付需求等一系列的复杂问题。如果大家去观察国家规划的工业互联网标准体系框架，就会发现里面提到的"智能化生产、个性化定制、网络化协同、服务化延伸"，说的其实都是解决上面这些核心问题的典型场景与能力：从年度的产能规划，到月度的产供销协同优化，到周度的多工厂协同调度和主生产计划优化，再到天颗粒度的物料采购优化和全约束生产计划优化，最后再到班次颗粒度的敏捷响应计划和柔性生产排程优化，这些无一例外的都是优化逻辑在工业制造场景下能够不断输出的核心价值（见图6-2）。

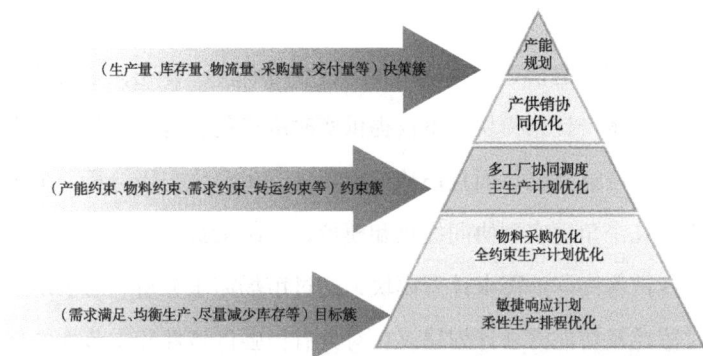

图6-2　优化逻辑在工业制造场景下的价值层级

接下来，我们再来看两个真实的案例，因为都是我参与服务过的场景，所以不仅很有代表性，而且自己也非常有感触。

第一个典型的案例是我们服务过的一家化工企业，围绕产供销协同优化所开展的能力建设。这家企业的主要业务是化肥的生产和销售，也是国家重点发展的大型磷肥与复肥生产骨干企业，但围绕着生产、供应、销售的协同计划与调度，也存在着诸多问题与痛点，如：1）化肥生产经常出现淡季产能过剩、旺季有效产能不足的情况，再加上环保排放与特定能源的约束限制，产能规划和计划模式都缺乏量化的指导；2）由于销售员对销量预估精确度较低，生产中也经常出现补单、插单的现象；3）销售订单的临时调整多为线下沟通，使得生产计划落地与实时追踪变得困难；4）因为工厂或仓库的改造等突发事件非常容易导致常规品缺货及长尾品库存积压现象，库存成本一直居高不下，判断依靠经验，效率很低。但这些问题，当然也为优化逻辑提供了大显身手的舞台。

我们一起搭建了这样3个核心协同模块：首先，是实现产销协同的生产计划模块，不仅提供实时准确的关键产销信息，全面反映供应链状况，而且还从产能预估、生产优先级分析、多工厂协同几个角度实现协同优化和模拟，为决策提供支持；其次，是实现销售协同的需求计划模块，通过市场需求分析、需求动态实时监控及智能需求计划建议，对具有极强区域性和季节性的化肥需求实现全场景的捕捉和分析；再次，是实现交付协同的供应计划模块，能够帮助企业结合市场动态，合理布局经销商库存，并对仓网规划的整体统筹给出智能决策与建议。

而通过优化逻辑的强有力支撑，这家企业实现了有效产能利用率提升20%、回炉能耗减少10%、年库存成本节约超过2000万元人民币，以及客户满意度提升15%的巨大收益。总经理对此的评价是："通过这样的产供销协同优化平台，我们知道了企业应该在什么时间生产什么样的产品，这样投放在市场上才能真正赚钱。"这样的客户证言，也是对优化逻辑的最大赞誉。

第二个案例，则是我们服务过的一家ICT（信息通信技术）行业巨头，围绕多工厂协同生产计划的能力建设。随着业务的发展，原来单工厂、逻辑复杂且不透明的生产计划已经不能满足客户的业务需求了，不仅因为市场销售方式的变化带来了交付周期的大幅度缩减，而且还因为生产工艺的变化使得其不同工厂、产线之间的替换及协同可能性大大提升了。但重新梳理业务需求、重构多工厂加工计划的优化引擎也是一个技术难题，因为这家企业的数百个工厂、几十万种零部件半成品，以及需要精确到周/天级别的精细程度要求，不仅构建出了一个上亿规模复杂度的巨型优化问题，而且还会让原有的简单逻辑需要大量的人工干预，这样反而会严重影响生产效率。

所以，我们一起通过优化逻辑构建了一套多工厂协同生产的计划，不仅给出了精确到天颗粒度的、覆盖未来一个月时间的详细加工指令（包括每条产线、每种成品和半成品、每个时间点），还给出了原材料到货指令、建议采购计划及新订单/急单/插单的订单承诺，甚至还给出了精确到原材料、最小产能单元等维度的详尽异常分析。这样一套完整的优化引擎，不仅在应对这个上亿规模复杂度的排产计划问题时能够把人工干预比例从85%降低到15%，还同时带来了十几个百分点的订单及时率的提升，每年的直接经济收益达到数亿元人民币。所以，这又是一个可以通过优化逻辑，为工业制造企业带来巨额成本节约和效益提升的完美例证。

优化逻辑之零售消费场景

红杉中国在2021年发布的《企业数字化年度指南》（以下简称《指南》）中指出，他们访谈了222位不同行业的数字化管理者，而这些受访者中超过一半（53%）的人认为，数字化运营与供应链能力是未来数字化方向的优先级，而在零售消费场景中具体展开来看，这种能力则是指"打通上下游，实现供应链一体化、平台化管理，提升业务效率"的终极目标。但与此同时，在这份《指南》中你还会看到，各位受访CIO（首席信息官）对自己企业当前具备的数字化供应链能力的实际水平也有着非常务实的态度，他们认为自己企业的能力水平还属于"低"（不具备相应能力）、"较低"（能力处在早期开发阶段），以及"一般"（能力尚未得到全面推广）的已经占据了总数的约70%（精确讲是68%）。

如果我们回看二十世纪八九十年代的供应链，其主要还是以满足传统渠道需求为主的，那时候供应链的组织还是"线状"式：上游是工厂，中间是物流公司，下游是传统的销售渠道。信息往往是单向传递的，而且消费者使用的产品决定于上游生产什么产品。到了2000年前后，随着互联网的兴起与发展，这个时期的电商平台通过技术实现了上下游环节的互相打通，供应链的组织形式开始逐渐向"网状"发展。而到了新零售业的出现，则是进一步促进了"柔性+网状"供应链的产生，在这个消费结构中，供应链的地位变得越来越重要：以前是上游生产的产品决定消费者的使用产品，现在消费者也能参与产品的研发设计；以前是大的品牌商、供应链管理公司主导供应链，现在许多小品牌也可以借助互联网实现产品对消费者的触达。

所以，"柔性+网状"的供应链是减少浪费、提高服务水平的关键，甚至会直接关系到企业财务的表现。当海量的个性化消费需求出现，同时搭配着海量且非结构化的数据之时，一个"网状"的柔性供应结构就变得非常有必要了，因为"网状"是最具弹性而且反应速度最快的，"网状"的每一个节点都可以单独或联合实现供给。而具体来说，这4个方面的核心供应链功能，就是我们应对零售消费场景中多变需求的重要抓手：

1）多层级需求预测和需求计划；

2）库存管理优化；

3）运输调度优化；

4）仓储运营优化。

我们不妨以库存管理优化和运输调度优化为例，来看两个真实的案例。

首先是我们服务过的一家全球知名休闲食品品牌的库存管理优化问题。这家品牌的供应计划部门一直缺乏一套针对国内市场的、准确而高效的库存管理和安全库存优化工具，因为传统上一直在使用的Excel模板，不仅使用和维护都很复杂，而且安全库存策略非常单一。同时，库存管理还缺乏相应的量化工具，没法对未来一段时间库存水平及KPI（关键业绩指标）的效果进行预估，也就难以对周期性计划的效果做盘点，从而提前优化客户服务水平、库存天数等关键指标，并进行业务复盘。

于是，我们一起做了两件事。一是建立了针对产品特性的分类和安全库存优化体系，具体来说就是根据产品的历史销售表现及生命周期状态进行产品分类，同时对每一类产品，分别基于动态/静态安全库存等基础算法模型，设计了差异化的安全库存计算策略。二是构建了库存管理及库存预测的能力，具体来说就是基于需求计划的结果和安全库存策略，搭建了可以随时生成对应库存管理的系统级工具，使管理者不仅可以方便地修改不同的参数（包括库存天数、需求计划量等）、输入生成不同的计划版本，而且还能够结合计划天数进行库存水位预测，从而定期盘点库存管理效果指标。而这样的能力建设带来的收益自然显而易见：我们不仅让客户服务水平（满足率）提升了2~5个百分点，而且还让库存周转天数整体下降了13%，所以，这就是对库存成本和服务水平两个指标的高效平衡。

接下来，我们再来看一个物流场景的供应链能力建设的案例。对于运输调度问题，简单地说就是用最低的运输成本、最快的速度去完成最多的订单，而这种问题，通常可以细分为4个维度：订单、车辆、费率和地点（见图6-3）。

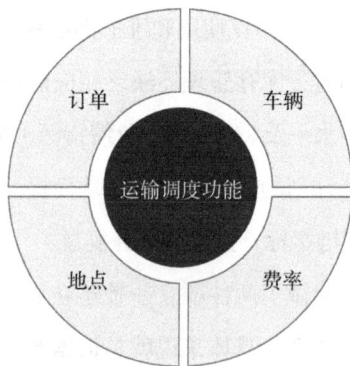

图6-3　优化逻辑在运输调度场景下的4个维度

订单维度通常包括提/卸货地点、时间要求，单/多点提货和单/多点卸货的映射关系组合，按订单等级和类型分别进行优化等限制；车辆维度通常会包含体积/质量/站点数等资源数量限制，特定车型和特定产品的匹配，以及按车型使用成本或距离成本来进行优化等要求；费率维度则包括基于费率进行优化，以运输成本最低为目标，按省份/城市/地图围栏级别的区域费率、阶梯费率和分段计价等条件；地点维度则是指业务区域和限行区域的划分，运输地点的特殊车型要求，是否包含固定线路的优化，是否存在分区之间的拼载等。问题之复杂程度，随即一目了然。

所以，当我们再去服务国际巨头啤酒饮料品牌的城市配送问题的时候，也就不难理解随着销量的增加和运输规模的扩大，一定会面对运输成本的激增与人工排班调度效率低下的问题：货物不能在客户约定的时间内准时送达，客户满意度受到挑战，客户流失率高；人工调度难以综合考虑复杂多变的城市配送场景，更难以同时实现减少用车数量及降低行驶距离的多目标优化；更不用说整个调度排班重度依赖人工经验，而且费时费力。

而当它拥有了优化逻辑驱动的运输调度优化能力之后，事实是什么样的呢？我们用数据说话。经过实际测算，调度工作耗时缩减了83%，用车成本减少了10%，车辆行驶里程节约了8%，车辆行驶时间减少了7%。这样真金白银的效率提升和成本节约，不也正是企业追求精细化运营的终极诉求吗？

优化逻辑之基础设施场景

前面我们简单地介绍了优化逻辑在工业制造领域和零售消费领域的广泛价值输出，如果你稍加观察就会发现，单单在这两个领域中，优化逻辑能够覆盖的行业就已经非常多了，如电子、汽车、化工、钢铁、食品、饮料、美妆、日化等，虽然行业间的业务特点也许大相径庭，但只要涉及资源调度，那就都可能是优化逻辑的用武之地。因此，如果你还记得我们前面介绍运筹学时所讲到的，现代运筹学起源于第二次世界大战且一些军队使用优化模型解决各种作战问题，也就不难理解，当我们把资源调度问题延伸到诸如军事、安防、航空航天、能源、电力、智慧城市等基础设施场景的时候，我们依旧能够找到相当大的舞台来施展优化逻辑的"魔法"了。

我们稍稍展开来看。因为起源于军事场景，所以优化逻辑一直是军事及安防领域的核心技术体系，在指挥调度、军事后勤保障、装备维护、训练计划、作战仿真等诸多场景中均是核心的支撑技术。到了航空航天领域，因为它是典型的通过动态调度资源快速响应需求的场景，所以也是优化逻辑及智能决策技术体系被最早广泛应用的行业之一，应用场景包括轨迹轨道控制优化、网络规划、机组排班、航班紧急恢复、路径优化、维修计划调度等。能源、电力行业同样也是优化逻辑的传统核心应用场景，核心支撑的运营场景包括电力（油气）调度、多样性能源管理、电网/管网规划、系统运行优化、交易市场等。而与交通类似，智慧城市则是一个大型的动态资源调度体系，而且由于供需矛盾通常极为突出，因此对于资源分配的效率和即时性均有很高的要求，是典型的对于运筹学及优化逻辑依赖度极高的领域，典型应用场景包括服务网络规划、市政资源调度（如垃圾清运、市政维护等）、应急响应、交通优化等。

我们不妨以航空公司的机组排班为场景，来看一个真实的案例。飞机承运可不是儿戏，由交通运输部发布并持续修订的《大型飞机公共航空运输承运人运行合格审定规则》（以下简称《规则》）一直是飞行规则与安全标准的终极规范，也是我们在航空排班场景下应用优化逻辑的决策边界。在这个大框架下，我们再来看看如何安排每架航班上的飞行班组的问题，其要求就变得非常精细了：第一，我们希望航空公司都将飞机飞行任务按照航班计划组成环状任务串，也就是如" A地 → B地 → C地 → 返回 A地"这样的飞行任务，尽量避免出现靠搭机或搭车运送班组的"置位"；第二，我们还希望能够在《规则》要求的范围内尽量提升飞行员日平均飞行时间，不仅能够让飞行任务比较均衡，还能让飞行教员航时越少越好、新机长航时越多越好；第三，我们还得满足多基地所属航线的不同规则，如遵守各基地独飞航线、不飞航线、独飞机型等约束，满足各基地独特的"置位"、过夜、大过站要求，以及控制各基地机长的飞行小时数、维持飞行时间均衡等；第四，我们还希望能将整个飞行任务的安排过程自动化，提升计算效率，提高排班质量。

怎么样，听起来不容易吧。也恰恰是在人工编排已经达到效率极限的情形下，优化逻辑就有了用武之地。我们对于某个航空公司的数百架飞机、数万架次国内外航班的数据进行优化调度之后，飞行员日平均飞行时间（在《规则》范围内）提升了24%，由于无法拼接任务组环造成的搭机或搭车运送班组的"置位"次数减少了47%，国际航班过夜次数减少了84%，飞行教员飞行小时数下降了35%的同时，需要快速接受锻炼的新机长的飞行小时数提升了110%，更不用说所有这些都是在100%满足所有《规则》的前提下。这是巨大的效率提升，但换个角度想，这也不过只是众多通过优化逻辑支撑精细化运营的又一个场景罢了。

上个台阶

介绍了这么多的场景，本质上都在努力为企业破解着一道道复杂的应用题，问题不同，方式方法也不同，价值输出也有多种表现形式，但就像解应用题的时候需要完成"列方程组"和"计算未知数的值"两套动作一样，如果我们做个抽象的比喻，就会发现所有优化逻辑的应用基本都可以被概括为两个核心步骤：建模决策和求解（见图6-4）。对应每个场景的建模特色，我们在上面的案例中已经讲解了不少，所以在这个部分着重讲一讲求解能力，因为这件事其实是一个重要的底层工业软件——优化算法求解器。

图6-4　优化逻辑的两个核心步骤

　　就像普通计算器可以求解四则运算一样，求解器也是所有优化算法模型的计算器。我们在前面讲过的各种应用场景中的优化逻辑，转换成算法模型之后大概率都是各种"线性、整数、非线性的数学优化模型"，而对这些模型的求解运算，不仅远比加减乘除要复杂千万倍，更对精度和时效性有着极高的要求。

　　所以，想做出一个能够支撑大规模复杂商业问题的求解器，非常不容易。它需要深厚的数学规划知识储备，需要百万量级的算法代码，还需要丰富的求解器领域的研发经验，更需要不断突破技术壁垒的研发创新，这也正是为什么，虽然市面上一直有不少开源的求解器工具，但是在很长的一段时间里，商用级别的求解器技术在全球范围内一直是被欧美几家巨头公司所垄断的。

　　但是今天，我要自豪地告诉大家，这个垄断被我们打破了。

我们2016年创立的杉数科技，在2019年5月推出的中国首个商用线性规划求解器COPT，一经发布便登顶了全球线性规划的单纯形法测试榜单；2020年10月，我们推出线性规划的内点法求解器，使COPT的整体技术框架更为全面；2021年5月，COPT发布2.0版本，内点法成功地以22%的优势领先第二名，实现了登顶。至此，杉数优化求解器COPT在线性规划单纯形法、内点法和大规模网络问题三项的榜单中均取得世界第一的优异成绩。而在2021年6月，COPT 2.0版本又推出了全新的整数规划求解器，且一经面世便取得了整数规划求解器测评榜单上的亚军位置。毫不夸张地讲，这些工作全面填充了我国在关键领域"建模与仿真技术"中最重要的基础模块"数学规划求解器"的空白，我们也真正可以自豪地说："求解器，终于可以用上国货了！"

划重点

1. 商业组织在大数据时代具备精细化运营的能力，已经成了刚需要求。数据必须成为企业收益和效率的核心支撑，而数据驱动、决策导向、寻找最优、快速前瞻也随之成了企业数字化能力建设的核心诉求。

2. 优化逻辑，本质上解决的问题，都是寻找在满足约束的条件下能够最大化或最小化实现某一目标的最优决策，正所谓"带着束缚跳舞，让舞姿最美"，而优化逻辑的背后，是有一门叫作"运筹学"的学科来做支撑的。如果你正在面对降本增效的运营问题，你就可以通过优化逻辑的3个场景来找到思路。这3个场景分别是工业制造场景、零售消费场景和基础设施场景。

3. 优化算法求解器是用优化逻辑求出最优解的核心底层工业软件，我们也已经用领先的自主技术，成功地打破了欧美的垄断。

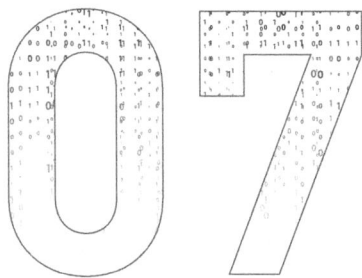

07

抵御风险：

让柔性逻辑帮你从容
应对变局

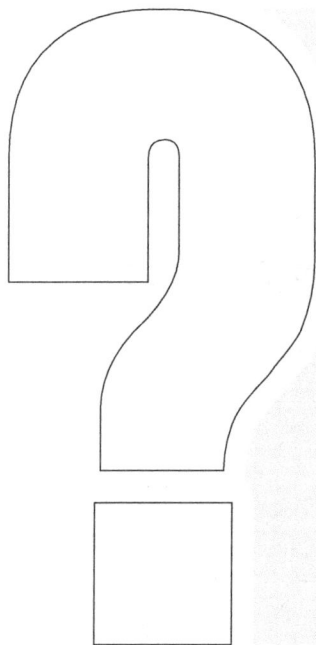

请你带着这些问题阅读：

▷ 如果像新冠肺炎疫情这样的"黑天鹅"事件频发，难以准确预测，那么，我们该怎么办？

▷ 如果想要在危机发生的时候能够快速反应，那么我们需要把哪些动作做正确？

▷ 应急预案是应对风险的上策吗？

> 人们之所以不愿改变，是因为害怕未知。但历史唯一不变的事实，就是一切都会改变。
>
> ——尤瓦尔·赫拉利

如今，新冠肺炎疫情还在影响着人们的生产和生活，大部分企业在这段时间里都彻底地经历了一轮"苦其心志，劳其筋骨"的考验和迭代。从需求端来看，无论是短期需求还是中长期需求的不确定性都被显著地放大了，营销渠道和策略面对着颠覆性的挑战，需求计划也被彻底地打乱了；而从供给端来看，人、货、料的严重受限导致供应链网络大面积瘫痪，也让意外和紧急变化越来越频繁、瓶颈越来越多，计划之间变成了相互牵连的复杂网络，计划的调整不仅牵一发而动全身，难度也开始呈指数级增加。

曾经有一份权威机构的调查问卷提道："只有25%的企业经营者认为他们面对危机已经准备充分，而超过一半的企业经营者认为他们建立抗风险能力最大的挑战在于缺乏相应的技术能力。"

所以，新冠肺炎疫情就好像为企业做了一轮全面"体检"，有的企业不幸被查出了"重症"甚至没能扛过去，但更多的企业则是在这场"体检"中被查出了一个重要的"亚健康"因素：如何从容应对变局，抵御风险。而这也变成了被企业经营者所高度重视的能力建设。

我们每天都会遇到很多的不确定性，小到天气的阴晴、股市的涨跌，大到市场的需求、疾病的危机，所有这些我们都无法在它最终发生前确切地知道究竟那种可能性会成为现实。正如爱因斯坦所说："上帝永远不会掷骰子。"那上帝一定也已经制造出了无穷多个骰子，才让世界充满了不确定性的美丽和刺激。正因为不确定性如此难以琢磨，对它的风险管理，也就自然地产生出了3个层级的应对策略：影响不确定性、预测不确定性、应对不确定性。

首先是对不确定性进行影响甚至控制，让某一个可能性分支的出现概率发生改变，这可能是我们对未知风险所能进行的最直接的干预了，但同样也是最困难的。设想一下，如果想要提高明天的降水概率，我们可以动用资源和技术手段进行人工降雨，这就是对天气不确定性的一种影响和控制。但同时，我们不是"神仙"，如果想要消云消雨或阻止台风，就算你有足够的资源，恐怕也很难实现。商业场景也是如此，我们可以通过加大研发投入的方式，提高新技术、新产品的研发成功概率。但同样也要知道，相应的投入/产出永远不是线性关系，翻倍的研发投入也许只能换来几个百分点的提升；我们也可以通过收购的方式整合产业链的上下游，从而通过统筹调度最小化供应链风险，但同时也要面对巨额的成本投入、组织整合的阵痛及潜在的垄断风险。所以，虽然直接影响和控制不确定性看上去最直接、最有效，但相应收益的局限性和巨大的投入也会始终伴随左右，正是"欲戴王冠必承其重"。

既然很难对不确定性施加影响和控制，大家自然就把对不确定性的精确预测提上了日程，使其成为企业运营中的优先级。这也不难理解，随着各种人工智能算法的层出不穷和推广普及，仿佛总给人一种预测技术已经取得了颠覆性突破的感觉，我也经常会被问到诸如："你们能通过算法把我们销量预测的准确率从现在的40%提高到99%以上吗？"这种有点儿让人哭笑不得的问题。说句实在话，我们既不是会左右世界的"神仙"，也不是能通晓古今的"先知"，对不确定性的描述固然可以通过"数据+场景+算法"的组合拳变得更精细（这一点我们在第2章"概率逻辑"中的计划要素部分做过详细的描述），但真能动辄就以99%的精确度去描述世界的时候，那也许"买彩票中大奖"都能成为我们的固定经济来源了。

所以，当影响和预测都无法成为我们拥抱不确定性世界、抵御风险的上策时，如何更好地应对不确定性就变成了重中之重，虽然"应对"二字听上去被动至极，但当不确定性的骰子落地、风险来临之时，我们只有从微火成长为烈火，才能不仅不被熄灭，还能在风的吹拂下飞舞和绽放。奥纬（Oliver Wyman）咨询公司的研究报告发现，90%的企业决策者认为市场响应灵敏度是公司发展中高度重要的一环，而高达96%的企业决策者认为自己的企业需要持续提高响应灵敏度。危机带来的挑战之所以巨大，因为它们本质上都是对不确定性的风险进行管理的。而如此多的企业认为自身的响应灵敏度不足，也正是因为其想要高效地应对不确定性，那么企业不仅需要组织能力，更需要技术手段，这就是我们这里要讲解的柔性逻辑。

那么，我们又要如何掌握柔性逻辑的思考方式呢？下面我们来了解柔性逻辑的三要素公式：

柔性逻辑 = 危机要素 + 模拟要素 + 鲁棒优化要素

接下来，让我们围绕这3个要素逐一展开。

柔性逻辑之危机要素

柔性逻辑对所有不确定性的管理都有广泛的意义，但也不可否认，我们最希望它发挥功效的时点，往往也都是危机发生的时刻，所以这里我们要来讲解柔性逻辑中的危机要素。危机的定义，广泛而多样，但如果我们通过现象看本质，会发现任何一个常见且符合大众认知的定义，大都不会缺少这3层含义：

1）重要性；
2）紧迫性；
3）影响性。

我们来逐个解释，首先是重要性。试想一下，如果你把一个事件称为"危机"，同时认为无论最后是怎样的结局都无关紧要，那么你对危机的定义一定出了问题。无论是一个巨大的困境，还是一些危险的局面，危机为我们带来的往往是对现状比较大的冲击和变化，我们既无法置身事外，也不希望那些负面的影响一直伴随左右，这就是所谓重要性。

其次是紧迫性，因为重要的事情，却未必紧迫。打个比方，找到人生的伴侣对每个人来说都是非常重要的事情，但我相信绝大多数还在寻找爱情的人，也不大会给自己定下指标，要求在一周之内就要找到相伴终生的另一半。而真正紧急的事情，往往都是那些具有"时效敏感"特性的事件：火不被扑灭就会不断蔓延；用户流失了而没有对策，企业就会不断丧失市场；病人得不到及时治疗，其病情就会恶化等。所以，随着时间的推移，当每个事件发生的可能性会随之变化的时候，这个事件也就具备了成为紧迫事件的可能。

最后是影响性。前面两条说的都是危机中的"危"，但危机之下，也一定伴随着"机"遇，换句话说，危机意味着我们一定有机会在既重要又紧迫的事件面前做出一些选择，而这些选择往往对于这场危机最终的结果有着比较大的影响。无论是灾害后的救援、战场上的应变，还是新冠肺炎疫情中的经营、争议后的公关，总有一些重要的决策在等待着我们，虽然能够用于做出权衡和选择的时间转瞬即逝，但这才是危机中的影响性的本质。

　　之所以要在这里花费篇幅把"危机"的定义讲解清楚，本质上是为了帮助我们划清边界。危机的定义其实是非常广泛的，能够识别出商业问题中同时具备的3个特性，并可以称得上是危机的场景，既能够避免草木皆兵的过度反应，把核心决策者与协作机制聚焦到重要的危机问题上去，同时也可以对那些看上去并不属于重大危险问题但其实具备所有危机特性的非典型场景，准备好时效敏感的解决方案。好比物资运输配送中如果出现了交通和运力情况的变化，能否对它进行实时的二次路线优化，其实就是一个既重要又紧急，还有很大影响的情形；再比如生产制造过程中，企业生产部门需要经常面对转产、急单、插单的需求，而且需要快速地预估和反馈交期，同样也是一个非典型的危机场景。随着时间的不断压缩，往往也就更需要基于算法的、能够保持逻辑一致性的快速反应方案。

　　当然，重大变故与灾害下的危机场景，也就更需要综合、系统性的应对能力了。举一个例子，我在自己的博士论文中曾研究过2011年由大地震和海啸引起的日本福岛核电站泄漏事故。事实上，日本本就是一个自然灾害频发的国家，所以运营核电站的应急方案并不少，当地震、海啸或是核反应堆过热这样的某个紧急事件独立发生的时候，相应的应急措施也许或多或少还能起到一点儿作用，但事实上，当时发生的9.0级大地震不仅导致了供电瘫痪和反应堆停堆，还激起了浪高远超过防御设计高度的海啸，并且摧毁了几乎所有的应急柴油发电系统，于是不仅导致核电站的反应堆核芯过热而后引发爆炸，甚至连建设在离核电站很远的应急指挥中心，都要在危机爆发之后等上数十个小时才开始正常运行。所以，在这样的一片混乱中让决策者去思考如何疏散民众、如何控制反应堆这种重大问题，可想而知决策质量会有多么糟糕。所以，当预想中只会独立发生的各种天灾人祸一起叠加的时候，能留给你把握危机中的"机遇"从而做出重要决策的时间和空间，也都会被挤压到极限。我们经常说危机不过是大自然问候的方式，它在问："你的柔性建设得怎么样了？"而当我们了解了柔性逻辑中的危机要素，接下来就可以看看柔性逻辑中两个核心数据技术能力——模拟要素和鲁棒优化要素了。

柔性逻辑之模拟要素

虽然柔性逻辑的目的是要建立对不确定性的响应能力，但这并不代表所有的响应工作都要等到危机发生之后才能去做。不确定哪一个分支会发生问题，永远只能等到它发生问题了才能被分析，但哪些分支发生的问题会成为商业运营中的重要瓶颈是一定可以被提前分析的，而对每个分支所带来的影响做仿真和模拟，同样也是可以实现的，这就是我们要在这里讲解的柔性逻辑中的模拟要素。

模拟要素的第一个环节，被称为"全价值链的分析与统筹"。试想一下，从产品到研发，从市场到销售，从生产到采购，从库存到物流，整个商业运营的网络是牵一发而动全身的，而当危机来临的时候，整个价值链条的梳理和查漏补缺就显得格外重要。以新冠肺炎疫情为例，先看供给侧，若工人因为疫情管控无法到岗，即使机器可以正常运转，则对很多制造业企业来说也没办法快速恢复生产；若物流司机、车辆及仓库工人无法到位，加上物流路径受限，则供应的时效、策略及路径就会被直接打乱；若供应商对原材料的交期被推迟或完全无法交付，则也会直接影响到复工复产企业的生产运营计划。再看需求侧，原本计划上市的新产品有可能被搁置，但是一些长尾品可能就突然变成囤货型或热销型产品，成为几个月之后"报复性消费"的主战场，于是滞销与缺货并存，过剩与浪费同在。所以，计划的调整从局部问题瞬间变成了全局问题，想要做好全价值链的分析与统筹，这3个动作必不可少：

1）及时与上下游沟通并主动了解管理需求，用量化分析的方法寻求战略重点、失去市场份额的风险及盈利目标三者之间的平衡；

2）梳理关键节点的缺口和瓶颈；

3）用工业互联网的思维进行有限资源条件下的优先级判断和资源共享。

我们不妨来看一看2008年金融危机冲击下的星巴克的经典案例，它也曾被收录到波士顿咨询公司的行业报告《新型冠状病毒疫情影响：挑战与机遇》之中。星巴克在2007年单单在北美地区就已经有超过10 000家门店了，尤其在2005—2007年这3年间店铺数量有了大幅增加。但是这样的过度扩张也在很大程度上影响了它的业绩，再加上金融危机对它的冲击，星巴克2008年3.2亿美元的净利润和2007年6.7亿美元的净利润相比直接被"腰斩"。

在这样的危急时刻，星巴克所做的全价值链精益分析可谓是教科书般的操作。首先是对营销投放策略的摸底与优化，利用社交媒体账号、会员App等自有渠道，提升用户的沟通效率、忠诚度与复购比例；其次是对门店扩张策略的梳理，在通过对量化指标的分析评估之后，迅速关闭了超过600家表现不佳的门店，而其中超过70%的门店都是过去3年盲目扩张时期新开的门店；再次是对咖啡制作过程及门店运营流程的优化，通过各种新技术手段降低咖啡制作的原材料损耗率，并优化高/低峰时期的工作安排，削峰填谷，提升人效；最后是优化采购、生产与物流的全供应链流程，重新优选供应商，降本增效。这样操作下来，星巴克不仅实现了数亿美元的成本节约，而且只用了短短几个季度的时间，它就迅速从金融危机的阴霾中复苏，迎来了盈利的增长。

而模拟要素的第二个重要环节，被称为"军情模拟与推演"，本质上，就是通过一个大规模的模拟引擎（见图7-1），对第一个环节中分析出的核心瓶颈要素做出"如果……，那么……"（What if）的模拟分析。举例来说，如果新冠肺炎疫情后的复工复产会受到人员需求、原料不足、物流联动及计划能力的限制，那么我们的模拟分析也可以围绕这几个核心要素展开。好比模拟人员的到位情况，如果各工厂的人员到岗比例只有30%，那么怎样的机制可以保障优先生产那些紧迫性更高、重要性更高、利润率更高的产品呢？如果到岗率达到了60%呢？如果达到90%了，是不是产线之间的最优分配就变得更加可行了呢？诸如此类的"What if"分析，对我们是有巨大的前瞻意义和重要性的。

图7-1 模拟引擎

注：ERP（企业管理系统），SPS（安全策略系统），MES（制造执行系统），
BOM（物料清单），TMS（运输管理系统），WMS（仓储管理系统）。

我们不妨再来看一个案例。前面我们讨论过福岛核电站泄漏事故，但只说到了人群疏散和如何控制反应堆等社会视角的决策问题，而事实上这次危机还对全球范围内的汽车供应链带来了巨大的冲击，不仅日本的整车厂出现了核心零部件短缺、工厂关停和自降产能及收入和利润的断崖式下跌等重大问题，甚至连美国当时的底特律三巨头（通用、福特、克莱斯勒）都出现了暂时停产，欧洲整车厂也因为原材料供应问题出现了大范围的减产。但在这场危机的应对过程中，也有很多家车企通过对危机下的复产与供应链进行仿真模拟，以较快的速度度过了至暗时刻：从多层级的供应商风险模拟，到多地复工人员到位时间和工厂关停计划的模拟，再从库存和分货计划的模拟，到不同产能和优先级下的生产模拟，所有这些模拟仿真的方法，不仅是数字化技术的典型产业应用，更可以帮助我们在面对危机时提前做到心中有数，运筹帷幄。我们并不是要做到事无巨细的安排，但对于产品的大过剩及资源的大浪费，则绝对是我们需要在危机中通过模拟要素来全力避免的。

柔性逻辑之鲁棒优化要素

模拟要素可以帮助我们对每个不确定性事件所带来的影响做出分析和预见，而不妨设想一下，如果在这个过程中，我们同时还能把每个可能性所对应的资源调度策略（即最优决策）找到，那就真的可以让这个充满不确定性的世界变得更加友好了。如果你还记得前面我们讲过的优化逻辑，就会知道还有一种叫作"优化算法"的数据思维技术，在给定决策目标、约束条件和求解能力的时候，恰好可以帮助我们找到很多决策问题的最优解。但经典的优化算法往往需要在边界清晰、约束条件稳定的情况下，才能最大限度地发挥作用，而在充满不确定性的环境下，甚至在危机频发的场景中，设定的约束也许就会立刻变得无法满足，原来得到的最优决策也可能已经不是最优，甚至会变得完全不可行。所以，一种新的、专门应对不确定性问题的优化方法应运而生，也在过去几十年里被广泛应用到各个领域，这就是我们在这里要介绍的鲁棒优化要素。

要理解和用好鲁棒优化，其实核心都源自"鲁棒"二字。它是英文单词"robust"的中文音译，从字面上看不出有什么不同，但"robust"的意思非常清晰，它描述的是强壮而稳健的特性。这也就引出了鲁棒优化作为专门应对不确定性问题的优化方法所具备的两个核心特点：硬约束、保守性。

所谓硬约束，就是说对于问题范围内所有可能出现的情况，约束条件必须都能满足。换句话说，如果看似找到了一个所谓的最优解，但当某种不确定性事件发生的时候，这个最优解又突然变得不可行了，那么鲁棒优化是不允许这种情况出现的。正所谓"以不变应万变"，这样的系统，才是有强壮属性的。

而保守性，则是能够体现出"robust"一词中的稳健属性的：即使最坏的情况发生，我们也要避免遭受致命的打击。整个鲁棒优化的构建思路，本就是以最坏情况下的优化为基础的，虽然得到的决策方案很有可能不是全局最优的，但也一定是对不确定性的干扰不那么敏感的；它可能不得不保守一些，但鲁棒优化决策可以帮助我们在最坏情形发生的时候，依旧能够以最低的成本或最快的速度使企业恢复到最佳的状态。所以，这正是我们一直在讲的柔性逻辑希望实现的效果。

不妨来看一个例子。我们都知道，从新冠肺炎疫情高风险地区入境的人员，以及所有因为其他原因需要被暂时隔离的人员，都会被安排到一个叫作"疫情隔离集中安置点"的地方，为避免疫情的不必要扩散而进行临时的集中管理。像这样的"疫情隔离集中安置点"，几乎在每个城市都设置了很多个，而如何选定这些机构设施，本质上就是一个鲁棒优化问题。"疫情隔离集中安置点"大多需要临近主要的交通枢纽，方便高危人群的短距离闭环转运。但同时，这些"疫情隔离集中安置点"往往也不是临时搭建的，而是借用的如宾馆、健康中心等保障条件较完善的机构，所以既不能影响周边百姓的日常生活，也能够得到及时的物资补给，更要保证足够的"疫情隔离集中安置点"数量，同时还得让被临时借用的机构能够得到经济层面的保障等，这本身就已经是一个非常复杂的优化问题了。与此同时，整个选址的过程还需要考虑不确定性和最坏的情况：如果高危人群数量激增，怎么办？如果因为疫情严重出现需要实行交通管制的情况，又怎么办？如果要同时考虑临时新建方舱医院的位置，我们的选址又该怎么办？这就是鲁棒优化能够大显身手的典型时刻，我们甚至还可以使用"先选址，再动态调整"的双阶段鲁棒优化等方法，但最终的目的只有一个：不管发生什么紧急情况，人员都有地方安置，确保大家不会暴露在风险之中，这样新冠肺炎疫情也可以得到有效的控制。

上个台阶

细心的你可能已经发现，我们虽然通篇都在讲风险和危机，却从没有提及过这个概念：应急预案。这是一个在各类危机管理中经常出现的概念，却也是一个经常被误解甚至误用的概念，所以在这里与大家一起来了解这个概念。

　　我们都知道：地震了要找室内的"生命三角"、出现火情了要拨打119火警电话、如果发现敌军主力已出击则立刻分兵迂回侧翼……所以，这些都称得上是应急预案，而预案的本质，其实是用确定的方案来管理不确定性的事件，用事先安排好的甚至经过多次演练的战术，最大限度地减少危机来临时的思考、犹豫和抉择。所以，应急预案的价值，通常是在时间被大幅压缩且必须做出快速反应的情形下体现出来的，它能够帮助我们躲避危险、保全性命甚至一击制敌，但它的有效性往往也就到此为止了。

　　在前面的文章中我们讲过，危机含义中的"影响性"决定了我们往往有机会在既重要又紧迫的事件面前做出一些选择，而这些选择所面对的可行方案、价值偏好、不确定性事件等要素，不是先前可以预见的，更不是一套应急预案就可以轻松覆盖的，这就是为什么我强调应急预案的有效性和适用边界应该被大家所知晓，更是为什么说我们通篇所讲的危机要素、模拟要素、鲁棒优化要素等都不是事先把决策做好的金科玉律，而是为危机响应过程中的重要决策做好准备的技术手段。

　　当然，尽管危机本身的特点决定了应急预案无法有效地替代决策过程，但预案本身可以为这些危机决策提供更丰富的可行方案。还以新冠肺炎疫情为例，在这期间，催生出了各家企业多种维度的自救式创新。比如消费品企业对品牌营销的及时调整，主攻数字化、个性化的互动投放，直播观看量甚至接近了往年"双11"的峰值；比如制造业企业通过产供销统筹协调推动产能恢复，自有工厂、仓库间的产品和原材料实现充分跨区借调，并协调上游供应商之间的跨地区库存调拨，迅速恢复产能；比如众多汽车制造企业转产口罩，堪称产能价值重塑和再利用的典范；再比如品牌商提前将供货重点和折扣政策从商超渠道向O2O、街边小店转移，快速实现了对新兴渠道的调整和布局；等等。所以，其中的任何一项举措都可以成为企业在面对危机之时的可行方案。虽然作为应急预案直接套用的可能性不大，但"它山之石可以攻玉"，有了充足的可行方案，再搭配上我们的柔性逻辑，危机决策的质量就一定不会太差。

划重点

1. 从容应对变局并抵御风险，已经变成了企业经营者高度重视的建设能力，而对不确定性事件进行风险管理的核心，不在于控制或预测，而在于拥有柔性的响应能力。

2. 你可以通过柔性逻辑的3个要素来厘清思路，它们分别是危机要素、模拟要素和鲁棒优化要素。

3. 应急预案不是万能的，更不能替代危机中的重大决策。

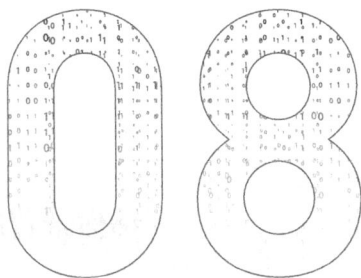

08

数字化建设：

让决策逻辑帮你选择
数据积累的方向

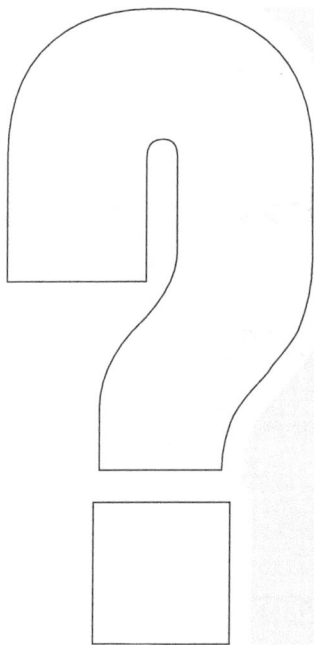

请你带着这些问题阅读：

▷ 为什么很多企业做了多年的信息化建设，却依然觉得数据能力不足以支撑业务的发展？

▷ 数字化的核心价值，到底是用于管理的工具，还是支撑业务的"燃料"？

▷ 为什么人们总说数字化建设是"一把手工程"？

> 当我们有了立于事实的世界观时，我们就会发现这个世界并没有它看上去的那么糟糕，而且我们会知道怎样做才能让这个世界不断变好。
>
> ——汉斯·罗斯林

2008 年，我本科毕业，于是趁着出国留学前的空闲拜访了一些企业。彼时，还没见过什么世面的我，尤其关注了一下"信息技术部"这个听上去也许和我的数学专业有些关联的部门，后来发现，那时他们好像并没有在做太多与数据相关的事情。但 2008 年毕竟是一个神奇的年份，因为伴随着北京奥林匹克运动会圣火一起"点燃"的，还有一个叫作"大数据"的新概念。

14 年后的今天，数字经济已经上升为国家战略，数据也已经成为数字经济时代最核心的生产要素，"数字化建设"已经开始逐渐替代"信息建设"，成了几乎每家企业日常运营中不可或缺的关键词。14 年后的今天，也已经是我回国创业、为企业提供数据驱动的运营优化服务的第六个年头，在成为几十个行业、上百家中国领军企业的合作伙伴之后，我看到了"数字化建设"在企业中的全新解读，但同时也看到了企业管理者在数据积累和数字化建设问题上面对的全新挑战。

　　这全新挑战的一侧，是围绕数字化的建设和巨大的投入。就像动物为过冬准备的粮草，也像我们为战斗积累的弹药，从年营业额几百上千万元的小微企业到百亿千亿元市值的行业巨头，从对外面向客户的销售管理和用户运营到对内面向员工的薪酬绩效和软件中台，随处可见的都是数据积累的动作和各类管理系统的影子。大量的人才被引入，大量的部门参与协作，每年的信息建设预算都是稳步增长，首席信息官（CIO）、首席数据官（CDO）也已经成了高管序列中的常规配置。

　　但这全新挑战的另一侧，则是企业管理者对数字化建设价值的若干焦虑与困惑。首先是成本问题。凡是有商业意义的信息点，我们就一定能找到相当多的维度去描述和测量它，更不用说每个维度的数据量会随着时间的推移而迅速增加。举个例子，如果你是一名销售主管，你想知道自家商品在某个省份的销售情况，那么你至少可以从品类维度（新品、促销品、长尾品、组合品……）、地域维度（城市、商圈、商场、便利店……）、时间维度（年、月、周、天……）、用户维度（性别、年龄、职业、收入、喜好、社交网络……）、竞争维度（价格、市场占有率、地方政策……）、供应链维度（经销商、供应商、工厂、物流、仓库……）等很多的视角积累数据。收集数据需要资源，存储数据也需要资源，分析数据更需要资源，所以这必然是一个长期的工作，这样做也必然是一个巨大的投入。

其次是收益问题。如果企业花费了大量的成本把数据收集上来了，那么数据的价值体现在哪里呢？近乎实时的大屏数据展示固然很好，但对企业经营者来说，光靠这一点肯定是远远不够的。数据要是能更准确地"告诉"管理者不确定的未来会以什么样的方式发生也很性感，但到了真比拼预测准确性的环节，又会发现其实数据量再大、时效性再好，也抵不过大自然的率性而为。预测准确性最好还是能体现在真金白银的收益上，但是核心的资源调度问题，一般的数据分析又无法解决。

最后是质量问题。企业得不到好的收益，是因为我们收集的数据质量不够好？还是因为数据实时性太差？标准不够统一？数据量不够大？信息系统对用户不友好，所以利用不起来？无论企业规模大小，也不论问题复杂程度高低，这些疑问几乎是一直存在于每个企业管理者脑海中的问题，于是信息化和数字化建设最终变成了一个循环，陷入了一个常见的怪圈中（见图8–1）。

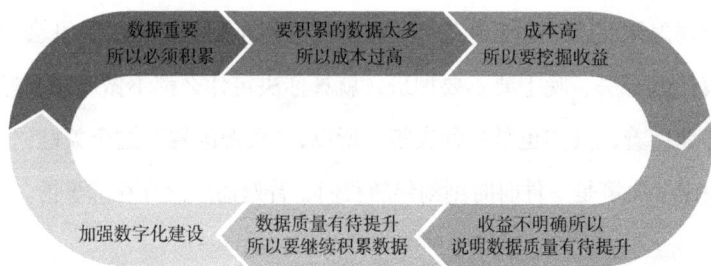

图8–1　数字化建设容易陷入的常见怪圈

虽然这样的循环让企业看上去一直在对数据积累和数字化建设加大投入，但实际上缺失了一些重要的目标导向、选择标准和价值评判。而这些缺失的部分，被称为"决策逻辑"。且允许我稍稍卖个关子，把决策的定义留到后面来讲，我们先来了解决策逻辑的三要素公式：

决策逻辑 = 价值层级要素 + 决策层级要素 + 协同要素

接下来，让我们围绕这3个要素逐一展开。

决策逻辑之价值层级要素

要想了解决策逻辑的价值层级，我们就需要先来看一看决策的定义了：决策，是指不可逆的资源配置。很明显，这个定义里面包含两个关键词，一个是"资源配置"，另一个是"不可逆"。

无论是金钱、能源、人力，还是时间，资源配置无处不在，大到企业研发什么产品、要做什么投资、制定什么商业战略、要招聘怎样的人，小到中午要不要吃素、周末要不要健身、开会发表什么看法、晚上要不要加班，就算你决定什么都不做就这么静静地待着，其实也是一种决策，所以，"资源配置"这个关键词，决定了决策是一件时时刻刻伴随我们、普遍而广泛存在的事情。

而如果时光真的可以倒流，让我们把已经配置好的资源重新分配再做多次尝试，那么决策也不会变得那么复杂了。就好像当我们发现投资发生了亏损，如果能回到原点再换一支标的重新投资就好了。然而，很不巧的是，决策场景下的资源配置是一条单行道，我们只能在做决策之前去预估可能发生什么，而当这些资源进行投入和分配后，因为开弓没有回头箭，我们只能去面对和承担不确定的风险。所以，"不可逆"这个关键词，让我们在面对资源配置时有了更大的压力，也决定了决策通常又是一件重要、困难且比较复杂的事情。

了解了决策的定义，我们就可以来看一看数字化建设的价值层级了。打个不太恰当的比方，假如别人送给了你一束鲜花，你可以用它冲茶来解渴、可以把它做成美丽的装饰，也可以用它制作香料甚至可以用它来做科学研究。同样，数据的价值有千万种，可这千万种价值，也是可以拆分出不同层级的，而且这些层级对企业的数字化建设和数据收集来说都有巨大的指导作用。

我经常对企业家讲的一句话是："实现所有数据价值最大化，都依赖于从数据到决策的转化。"而如果把数据作为起点，把实现最大化的价值作为终点，那么数据的价值至少可以分为这3个层级（见图8-2）。

1）帮你了解世界：数据采集与管理；

2）帮你认识世界：规律性分析；

3）帮你改变世界：决策建模与求解。

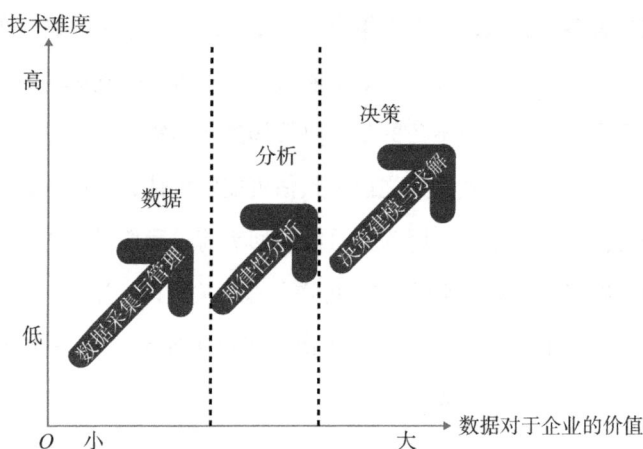

图 8-2 数据价值的 3 个层级

首先，数据采集与管理通常是我们比较熟悉的事情，也是我第一次走进企业做调研的时候，各个企业 IT 部门比较重要的"信息化"工作。对数据做定义、规范、连接、收集、清洗、入库、整理、结构化、可视化、实时化……这是一系列非常繁复的工作，但我们也正需要这些工作才能更接近"立于事实的世界观"，掌握现状，发现问题。如果没有数据，也就无法积累起决策的基础和业务的"燃料"。

其次，规律性分析则是把数据的价值拉到了一个新的层级。简单地说，这个层级的工作，已经不再停留于了解"发生了什么"，还要能回答"为什么"及"接下来会怎样"这类问题。数据挖掘、统计工具，以及这几年火热的机器学习、深度学习等方法，都在支撑企业做规律的分析和趋势的挖掘，如何基于（大）数据做更精确、更快速、更长久的"预测"，也仿佛已经变成了企业对数据价值的又一个常规需求。

再次，通过数据驱动的决策建模与求解，把最优的决策找出来。我们前面讲过决策是一种不可逆的资源配置，最优决策也就意味着更科学的资源配置。因此，不同于数据采集也不同于预测和分类，决策优化为企业带来的价值，通常是真金白银的运营收益的改善，以及业务稳健性、抗风险性的能力提升，这也是为什么它是数字化建设的第三个价值层级，也是实现数据价值最大化的必经之路。

让我用金融征信中的一个场景来把这3个层级具体地讲解一下吧。设想你管理着一家金融机构，每天都要面对成千上万条的征信申请单，用户希望基于自己的信用记录来申请用分期付款的方式购买额度较大或较贵重的商品。所以，这成千上万条的征信申请单，都可以成为你做数字化建设和数据积累的来源，但如果我们用价值层级来思考这个问题呢？你也许希望了解申请者的数量、信用资质、年龄、职业、收入规模、地域分布、还款情况、坏账情况等，这些都是信息的采集与管理；你也许还希望知道到底最可能拖欠月供出现坏账的是哪个群体，是什么年龄＋职业＋收入规模的组成等，诸如此类，就是规律的挖掘；而当你再面对一个全新的申请者和他/她的申请资料，如何决定是否授信、额度多少、时长多久、如何分期等问题时，这些则需要数据为你支撑决策的建模和求解。所以，用价值层级这样一拆分，问题也就清晰多了。

而为了能更好地运用价值层级来指导数字化建设，这里还有一个常见的误区需要指出，那就是这3个层级的价值虽然看上去逐级递增，但在实现的过程中未必需要彼此等待，或者完成第一个后才能推动第二个。在很多场景里，这3个层级的价值是能够同步推进、彼此配合的。你可能会问："如果没有采集和管理，连数据都没有，哪里来的预测和决策？"没错，我们这里说的当然不是要取无源之水，但恰恰是因为我们在前文中讨论过数据的采集和管理是一个长期、繁复且重投入的事情，所以如果我们要等到"完美"的数据系统建立起来再去寻求第二个层级和第三个层级的价值，那很可能就已经落后了。

我们不妨来看一个真实的案例。

我合作过一家规模很大的石油化工类企业，在第一次接触该企业的时候，就了解了他们已经在数字化建设上做了大规模的布局，在第三方咨询公司的指导下，他们把数字化建设规划出了"全面可视""实时分析""决策智能"的三步走策略，其实已经非常接近我们前面讨论过的3个价值层级了。可问题就在于，他们虽然坚定地相信"决策智能"是最大价值的来源，但也同样执着于这第三步一定只能发生在前两步迈出之后，只有花大力气做好前两步的工作，才能有"决策智能"的可能。而之所以和我有了第一次接触，也恰恰是因为这家企业那时已经在"全面可视"这个数据采集与管理的层级上投入了超过一年的时间和数千万元人民币的成本，企业管理者开始有些焦虑，他觉得巨大的投入还深不见底，明确的收益也还没有显现。

所以，这就是把数据的3个价值层级割裂开来看的一个典型案例。于是，我们一起坐下来讨论他们最希望从"决策智能"角度获得的收益到底是什么。结论很清晰：他们希望企业获得产供销的协同调度优化，也就是说，通过平衡淡/旺季的产能波峰/波谷（决策问题），以及更好地布局和管理经销商库存（决策问题），来应对较激烈的同质化竞争和需求波动（收益之一），从而带来成本节约和效益提升（收益之二）。而如果再来看这样的协同调度所需要的数据基础，我们发现其实这家企业早已经具备了相应的信息系统，甚至有一半的数据在那个为期一年的"全面可视"项目开始之前，就已经可用了。所以，在接下来的4个月的时间里，这家企业同步推进了产供销协同调度优化这个层级的价值建设，很快就带来了数千万元人民币的库存成本节约也就不足为奇了。

所以，当我们掌握了决策逻辑的价值层级，也就掌握了评估数字化建设和数据积累价值优先级的重要工具。当我们不必再把数据的采集管理和决策求解混为一谈的时候；当我们知道通过数据了解、认识和改变世界原来也并不需要彼此等待，而是可以同步发生的时候，我们距离更高效也更有价值的数字化建设目标，就已经近了一步了。

决策逻辑之决策层级要素

前面我们讲解了如何从价值角度划分数字化建设和数据收集的层级，以及如何聚焦到决策问题上从而实现数据价值最大化，那么这一节我们要往前再推进一步，看看当数据可以支撑求解一大堆复杂决策的时候，应该如何准确地聚焦到当下的核心问题上，以便找到复杂任务的突破口。

我想先问大家一个问题："怎么判断一个管理者是否善于抓住核心问题呢？"有人可能会说："要站得足够高，尽量把每一个问题想得细致周全、把盲点都解决的管理者，才是一个能抓住核心问题的管理者。"我告诉你："不一定。"对于我们每个处在商业社会中的个人来说，很多时候恰恰是由于思考问题数量的增多，反而带来了决策过程的"失焦"。所以，我们要来了解决策逻辑中的一个重要的概念：决策层级。当我们把任何一个"失焦"问题再剥开一层时，你会发现所有的决策问题都可以被分为3类：

1）既定决策，是指由于某些原因我们选择不去改变、默认已经做好的决策；

2）战略决策，是指当下需要着重解决的且相互没有依赖关系的决策；

3）战术决策，是指那些必须在战略决策做完之后才能进行的决策。

好，现在你已经知道了决策有3个层级，那如何聚焦核心决策问题呢？答案很简单，就是要找到你的战略决策。所以，关键就是要把一部分精力放在决策层级划分上，而不是尽可能多地考虑所有问题。

那每个企业管理者在数字化建设中具体可以怎么做呢？我们来参考以下3个步骤。

第一步，列出你的既定决策。这一步是为了找到你做决策的天花板，而之所以把它们默认为是已经做好的决策，是由于我们不具有相应的权力、能力、精力或意愿去改变这些决策，说通俗一点，就是把所有那些你不能改、不会改、不想改的决策拎出来，去遵守好了。

举个例子，我曾经和联合国维和行动部的信息管理部门有过长时间的合作，也了解了其实联合国对于维和行动的决策问题就曾经采用了这种方法。在进入21世纪之前，维和行动虽然已经存在了四五十年，却也存在一些漏洞。设想一下，决定要在什么时间派遣、要不要派遣，以及要组建一个多大规模的军事行动这种类型的问题，要考虑的因素得多复杂啊，所以在很长一段时间里，应对每个地区冲突时的维和行动决策的过程，其实都非常冗长，数据积累也非常混乱。比如，维和行动部为了能向联合国安全理事会（以下简称"安理会"）提出派遣决策的建议，甚至还要先去评估选择多个不同的信息渠道，而且就算安理会批准了派遣决策，大家还得决定应该用多长时间把这个行动组建起来，这样一来半年就过去了，虽然大家都知道在发生冲突之后的6～12周，才是维和部队进驻的黄金时间窗口。

所以到了2000年，联合国通过了著名的《卜拉希米报告》，里面一个非常重要的改变，就是对之前维和部队派遣的很多决策问题做了划分，形成既定约束，比如成立实时信息中心作为统一的信息渠道，比如要求所有常规的维和行动在安理会批准之后必须在30天内完成部署等。所以，这其实就是把既定决策问题剥离、固定，让维和行动部队把精力聚焦在"派不派、派多少"这种战略问题上。而我后来在与维和行动部队共同研究决策流程的合作过程中，也能时刻体会到这样做带来的巨大便利。

好，我们接下来看第二步：质疑你的既定决策。也就是说，对所有第一步里那些你不能改、不会改、不想改的事情，多问一句"为什么"。为什么我不能改？为什么我不会改？为什么我不想改？说通俗一点，如果第一步是为了尽量把一些决策问题"踢"出去，那么第二步，就是看要不要再把少量的既定问题"拉"回来，转化成战略决策去聚焦。

就像当我的女儿准备邀请小伙伴到家里开生日派对的时候，一定要穿最喜欢的××公主裙，这个决定她不愿意更改了。但为什么不愿意试试别的公主裙呢？我问了她这个问题之后，她去把迪斯尼的公主们又看了个遍，还新买了一条美人鱼公主裙，美美地开了生日派对。

回到商业场景也是一样的。我曾经合作过的一家生产清洁用品的企业，由于新冠肺炎疫情的发生，使得自己的业务量出现了短时间内的快速增长，所以企业管理者在梳理数字化建设所支撑的决策层级时，他们把"未来3年内一定会新建2～3条生产线"这个产能规划决策问题列为不去改变的既定决策，然后把战略决策聚焦在用于提升产能利用率的生产计划类问题上。但如果仔细想一想你就会发现，相比于每天每周的生产计划，产能规划通常是不会立刻为生产带来改变的长周期问题，而即便在新冠肺炎疫情期间需求激增最快速的几个月里，这家企业通过与更多的外协工厂紧密合作，依旧能非常出色地交付订单，所以，新建生产线的数量和时间是否一定就是一个既定决策呢？这样一番思考下来，这家企业的管理者从既定决策里抽出了一个新的子问题：分析外协工厂的生产管理与投入／产出。这就提取出了一个对短期生产效率有直接影响的产能规划问题，也就可以和之前的生产计划问题一同作为战略决策进行聚焦和协同优化了。

所以，多问几个"为什么"是多么有必要，这样做就彻底帮助我们划清了既定决策和战略决策的边界，聚焦核心问题的工作也就完成一大半了。

第三步，也是最后一步，就是把不重要的战术决策暂时扔掉，剩下的就是我们的核心问题了。而这一步说来也非常简单，因为所有的战术决策，都是那些只有做完前面的决策才能继续做的"有条件决策"。

举个例子，1970年的阿波罗13号飞船在经历了服务舱氧气罐爆炸、3位宇航员使用登月舱作为救生艇、指挥总部决定放弃登月计划等一系列严重问题之后，指挥总部对接下来的一系列危机决策问题的层级划分堪称经典：先解决返航路线的选择问题，然后解决少得可怜的剩余电力如何分配的问题，最后解决二氧化碳过滤不足的问题。所以，"究竟有多少电力可以用来分配"及"究竟要做一个支撑多长时间的二氧化碳过滤器"，这两个问题都依赖于返航路线的选择，即便每一个问题都事关能不能把宇航员安全带回来，但是只有果断地把它们作为战术决策暂缓，才能让指挥总部有精力倾尽智慧、聚焦核心、决策攻坚。这最后一步，虽然简单，也是很需要魄力的。

所以，分清数字化建设的价值层级还只是第一步，当数据能够支撑解决的决策问题依旧纷繁复杂的时候，你还需要用决策层级把最重要的战略决策问题剥离出来，才能避免由于同时关注过多的决策问题，反而带来核心问题的"失焦"。

决策逻辑之协同要素

了解了价值层级和决策层级，我们这里要来学习数字化建设中的第三个决策逻辑：协同要素。前面我们讲了如何聚焦到商业问题的若干战略决策上，但是这些战略决策通常也会分布于企业的各个业务单元中，好比生产计划由生产管理部门负责、订单履约由供应链部门负责、营销策略由销售部门负责、供应商管理由采购部门负责等。这就引出了协同要素的第一个重要意义：目标的协同。

　　不同的业务部门自然有不同的业务目标，有的侧重市场拓展，有的侧重成本控制，有的侧重安全保障，有的侧重流程和效率。这是业务分工的必然，但这也决定了不同战略决策之间的目标，也会经常性地出现矛盾甚至冲突。好比销售部门一次临时的降价促销，也许是应对竞争对手的好方式，但对生产部门来说意味着突然的急单、插单和加人、加班；而用更高的溢价收购一家上游的供应商，也许是应对新冠肺炎疫情期间原材料断供问题的好方法，但从财务角度看未必是一项健康的投资策略。因此，如果想要实现目标的协同，就需要一个更高的视角来统筹这些不同的目标，这也是为什么人们总在讲信息化和数字化建设一定是"一把手工程"。领导者自上而下地推动还只是目标协同的形式，所有不同子业务目标能够统一到企业全局视角的大目标上，才是目标协同的核心。

　　协同要素的第二个重要意义，则是业务间的协同，从而进一步重构业务运作的模式，而这也是在数字化建设中创造"1+1 > 2"效果的机会。举个例子，设想一个传统的零售便利店，摄像头用来"盗窃预判"、收款机用来记账找零、店员需要上架盘库、店长需要补货和促销。而如果让这些数据"孤岛"在数字化建设中协同起来呢？摄像头变成了能够识别会员并记录其购买行为的终端；收款机变成了通过 RFID（射频识别技术）识别商品和自动结算的"店员"；店员可以用更多的时间与顾客互动；店长则能够根据实时和动态的销售数字和购买行为来判断更好的货品摆放与促销策略。这样的协同，也正是我们今天看到的所谓"新零售"本来的样子。

上个台阶

细心的你可能已经发现，这一章我们一直在用"数字化"这个关键词贯穿始终，却并未过多地讨论"信息化"，那么，这二者到底是什么关系呢？简单来说，"信息化"是"数字化"的一个子集。"信息化"的产生，是以管理思维为主导、以提高效率为目标的，它把线下、手工的流程搬到线上和系统中，这个转换过程虽然也产生和积累数据，但它对企业流程和商业模式，不做改动和创新，只做映射和助力。

而"数字化"，则是把数据看作一种资产。用高德纳公司（全球权威的IT研究与顾问咨询公司）给出的定义来讲："数字化是通过数字技术改变商业模式，提供新的营收点与价值创造机会的过程。"所以，它的目标远不止停留在信息系统层面，而是要落在商业模式的变革、产业链的创新，以及运营收益的改变上。

这就是为什么，谈数据建设，我们一定要从"数字化"的角度出发；而这也正是为什么，我们在"数字化"的关键词下才能系统深入地讨论它背后的3个价值层级、它必备的3个决策层级，以及它不可或缺的两个协同要素。

划重点

1. 企业的数字化建设，永远都会伴随着成本、收益，以及质量的挑战，而企业应对这些挑战，却又常常缺失重要的目标导向、选择标准和价值评判。这些缺失的部分，我们称其为"决策逻辑"。

2. 如果你正在面对数字化建设和数据积累的问题，你可以通过决策逻辑的3个要素来厘清思路，它们分别是价值层级要素、决策层级要素和协同要素。

3. "信息化"是"数字化"的子集，一个以管理思维为主导，一个把数据看作资产。

第三部分

组织与文化

09

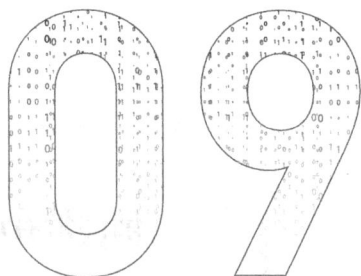

构建团队文化：

打造有战斗力的团队，
你得拥有算法逻辑

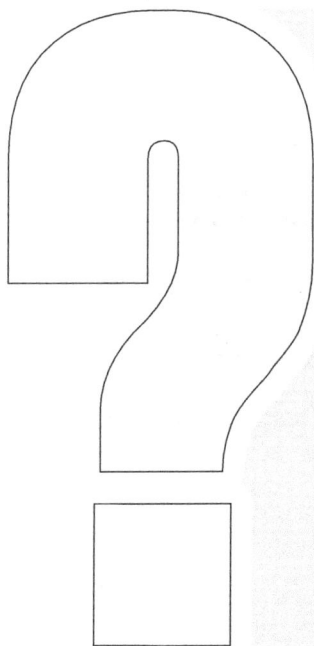

请你带着这些问题阅读：

≫ 为什么有些团队领导者一边讲团队文化很重要，一边却只关注业务的表现和数字？

≫ 当你看到企业文化墙上那一句句企业宣传标语时，是否觉得它们既流于形式又过于陈旧？

≫ 高质量的团队文化应该具备哪些要素？

> 算法，就是在连续性基础上运行的原则。
>
> ——瑞·达利欧

　　既然要讲解如何用算法逻辑的视角来构建团队文化，那我们不妨先从算法说起。很多人听到"算法"两个字都会有一些复杂的情感，一方面，它代表着价值、效率和新鲜感。在大数据时代，很多事情都能和算法挂上钩，无论什么事情只要能和算法挂上钩，好像就都意味着会有一些新的发现；而另一方面，它又代表着复杂、抽象甚至颇有些门槛。没有经过数理训练的人就无法搞懂它，仿佛它只是数据科学家和计算机技术人员具备的才能，只可远观，不可亵玩。这也正是为什么我非常喜欢达利欧先生给出的算法的定义："算法，就是在连续性基础上运行的原则。"一句非常简单朴素的语言，道出了算法的四字本质——连续运行。无须科班出身，不必钻研代码，记住这四个字，你便掌握了理解算法逻辑的基本能力了。

那么，我们究竟为什么要把算法逻辑和团队文化这两个看似毫不相干的事物放在一起来介绍呢？相信我，这并非为了靠算法的噱头来吸引眼球，而是因为团队文化就是驱动团队健康运行和良性成长的内生算法。

无论是团队的精神文化、制度文化、行为文化还是物质文化，说到底都是为了约定大家共同做事的方法和标准。一群志同道合的人聚在一起，每个人的性格和背景可以不一样，但是做事的方法必须是一样的。我们不妨来看下面的几个例子。

- 不作恶（Do not be evil）是谷歌团队文化中最重要也最广为人知的信条之一，它既指为用户提供无偏见的信息访问和最好的产品与服务，也指每个人要做正确的事情，即"遵守法律，行为端正，与同事相互尊重"。

- 亚马逊的团队文化被概括成了 14 条军规，其中有一条在其他团队文化中并不常见：勤俭节约。所谓"力争以更少的投入实现更大的产出。勤俭节约可以让我们开动脑筋、自给自足并不断创新。增加人力、预算及固定支出并不会为你赢得额外加分"。

- 达·芬奇曾说过，"简单是终极的复杂。"据说这句话也出现在了苹果公司的第一本宣传手册中。这种高度聚焦、至精至简的文化，不仅能让乔布斯在重回苹果公司之时便大刀阔斧地对产品线进行了精简，而且能在接下来的几十年时间里，始终如一地指导着每一个苹果产品团队的成员。

从这些例子中，你能看出它们的共同点吗？没错，这些文化准则不仅约定了每个团队成员共同做事的方法和标准，而且还是一套能让团队连续运行的逻辑。正如被扎克伯格称为"硅谷年轻企业家的管理导师"的本·霍洛维茨（Ben Horowitz）所说，"团队文化会使你的公司在你缺席的情况下做出判断，员工也会凭借此文化应对日常工作中的一切问题。"所以，这正是一套能让团队连续运行的逻辑，也就是一套算法逻辑。

因此，如果你正在面对团队文化的问题——无论是为新团队构建文化而苦恼，还是对现有文化流于形式无法落地而困惑，抑或是在重要战略调整中对文化适配而担忧，甚至是对团队文化能贡献的商业价值而质疑——你都可以通过算法逻辑来厘清思路，并找到对策。那么，我们又要如何掌握算法逻辑的思考方式呢？下面来介绍算法逻辑的三要素公式：

算法逻辑 = 目标要素 + 执行要素 + 扩展要素

接下来，让我们围绕这3个要素逐一展开。

算法逻辑之目标要素

算法是为程序目标量身打造的，无论是搜索算法追求的最迅速，还是预测算法追求的最精确，抑或是决策算法追求的最优化等，算法都是为了解决一个或多个具体问题而设计的方法。

所以，把握算法的目标要素，其实要理解清楚以下3层含义：

1）算法可以支持并解决的目标问题是极其广泛而多样化的；

2）如果失去了清晰的目标，再精妙的算法设计也就失去了方向和意义。换言之，算法能否产出你期望的结果，也是目标是否清晰的试金石；

3）为特定目标设计的算法越精妙，也就越容易带有出人意料的特性。

在团队文化中，逻辑也是如此。

第一，如果你对团队文化的价值尚存疑虑，或把它置于团队工作中较低的优先级，那很可能说明你还没感受到团队文化这套算法能解决的问题是多么的广泛和多样化。乔布斯用至精至简的文化"怒砍"多条产品线，并让苹果公司远离那些用低端产品提高市场份额的要求，那是因为文化算法能帮助他定位方向；1985年，面对76台质量有缺陷的冰箱（即便在当时每台冰箱的价格相当于一个职工两年的工资）海尔集团的张瑞敏也拒绝低价销售而选择亲手怒砸，那是因为文化算法能帮助他抵御诱惑，裁决纠纷；而耐克创始人菲尔·奈特（Phil Knight）用"永不停息"的文化，从跑鞋到运动鞋，再到运动服饰，进而进军泛健康生活领域，使耐克公司终成知名品牌商，那是因为文化算法能帮助他"开疆拓土"，兼容并包。所以，团队文化如算法一般，可以而且应该成为你解决问题的重要帮手，如果你只把它当成一句用来给团队画饼的口号，也就必定无法开发出它巨大的解题能力。

第二，就算算法解题能力再强大，也得有目标做支撑；同样地，就算文化能力再强大，算法也得知道自己到底是为了解决哪些团队问题而被设计出来的。下面，我们来看一个"算法寻找目标"的经典案例。

在第二次世界大战中后期，美军发现他们在欧洲和太平洋地区投放的战斗机被频繁地击落，而且飞机损失比例的飙升也让飞行员执行任务的时候压力增大。于是，美国空军专家建议给飞机增加防护装甲。可是装甲多了，质量也就重了，载弹量就得减少，所以专家的建议是选出一两个最容易被打到的地方增加防护装甲。怎么选呢？不用担心，因为咱们有 大！数！据！

于是，美国空军就把所有受伤机身上的弹孔画在同一张飞机平面图上（设想一下，这张飞机平面图可能是人类历史上比较早的大数据分析图表之一了），而弹孔分布最密集的部位自然也是目标最明显的地方（如机翼、机身之类）。于是，这些地方也就顺理成章地成了空军增加防护装甲的首选部位了。那么，这样的分析是否合理呢？幸好，还有一个明白人，一位著名的统计学家，亚伯拉罕·瓦尔德（Abraham Wald）。他说，"我的意见恰恰和你们的建议相反，防护装甲应该增加在弹孔分布最稀疏的地方。因为被打中这些地方的战斗机，都没能回来。"

所以，这样一个经典的案例，其实说明了很多问题：如果我们只关注表面信息（弹孔分布在很大程度上标志着那里是飞机被攻击最明显的部位）而忘记这样的文化算法所要支持的目标（最终的目的是找到飞机最薄弱的地方而不是最容易受到攻击的地方），那么数据量再大、精巧度再高的算法其实也没有什么价值；而如果再因此忽视了目标背后那些深层的信息（如由于完全没有包含被击落飞机样本而造成选择性偏差），再复杂的算法设计也不过就是"Garbage in，Garbage out"（无用输入，无用输出）的"垃圾交换机"。

所以，别忘了把需要解决的问题清晰无误地"告诉"给你的文化算法，它不怕问题复杂，但就怕方向模糊。不要用空泛的语言定义你的团队文化，否则再精妙的文化算法也会迷失方向。

第三，当你真的开始为具体的团队目标设计文化算法的时候，你会发现，那些有效的文化规则，通常也是那些出人意料甚至在一段时间内颇具争议性的规则。究其原因，它们都把边界划得十分清楚，所以更加引人注目；也恰恰因为它们能使人问出一个"为什么"，也就使这些文化规则更加深入人心。我们不妨来看几个案例，一起感受一下。

在亚马逊，那些无法完整呈现想法的PPT报告是被禁止的，尽管PPT报告在其他公司是十分常见的报告方式。所有会议都是从一份被称为"叙事简报"的6页文件开始的，这份报告必须逻辑缜密、内容丰富，而且通常需要修订很多次，甚至要像一份发布会文稿一样字斟句酌。这对任何一个新加入亚马逊的员工来说都是一次文化的冲击，但也正是这样出人意料的约定，能够让亚马逊"速度和准确性兼备"的文化深入人心。

本·霍洛维茨先生在他的《你所做即你所是》一书中曾分享过另一个案例。拉丁美洲独立运动伟大的革命家、军事家，海地共和国缔造者之一的杜桑·卢维杜尔（François-Dominique Toussaint Louverture），为自己的军队立下了一条出人意料的规则：已婚军官不得纳妾。要知道，这在18世纪几乎全部由奴隶组成的军队当中，是一个看上去非常荒唐的要求。然而，卢维杜尔的回应是：因为在这支军队中，没有什么比一个人的忠诚更重要，如果一个人对自己的妻子都不能忠诚，大家如何能相信他对军队忠诚？通过这样一条每个人都需要专门思考并理解的文化规则，卢维杜尔把诚实和忠诚这两个核心因素，深深地融入了他的军队建设之中。

创立过两家世界500强公司的稻盛和夫先生（1932—2022），在创业之初就告诫自己的团队，"心不唤物，物不至"，要对一切事物怀有感恩之心，遇到什么样的艰难困苦甚至误解委屈，都是财富和成长。在刀光剑影的商战中，这可不属于什么常规操作。所以，当他所创立的京瓷第一次接到IBM大订单的时候，老先生才能够力排众议，用长达3年的时间和炼狱般的攻关，终于换来了顶级品质的能力建设，也让京瓷开启了高速成长之路。

所以，当我们掌握了算法逻辑的目标要素后，也就知道了文化算法的强大解题能力了。我们既不应该把它放到优先级列表的底层，也不能忘记为它界定出清晰明确的解题目标。而当你设计出的文化算法又能带有出人意料的规则之时，相信你的团队文化雏形已经有模有样了。

算法逻辑之执行要素

有句话说得好，"从未犯过错的武士永远不会知道犯错的代价。"即便算法要解决的问题很明确，设计的算法很精妙，如果不能让它运行起来，就永远不会知道它是否存在漏洞；而同时，一个更严重的风险是当本应是连续运行的法则却不能连续运行的时候，这个法则也就失去了它存在的意义。因此，把握算法的执行要素，说到底就两个要点：

1）让算法执行起来，便有诸多的好处；
2）算法执行不起来，则有天大的弊端。

让我们再来对团队文化这个连续运行的算法，一探究竟。

从制造电动汽车到制造火箭，从制造太阳能板到挖隧道，埃隆·马斯克（Elon Musk）一次又一次地在不同行业用颠覆性的创新挑战着每一个人的认知边界，而这些颠覆性的创新，还往往伴随着飞一般的速度。很多人好奇，究竟是什么因素促成了这些惊人的成就，而在我看来，除马斯克个人的自掏腰包和光环加持之外，成功地让文化算法被坚定地运行起来，一定是最重要的因素之一。我们不妨通过他的太空探索技术公司（SpaceX）来看一看。

单单能造出安全可靠的传统火箭，对于一群未曾涉足航天领域、只有互联网思维的年轻人来说，本就已经是一件接近不可能完成的任务了，SpaceX偏偏还想要造出可重复使用的航天器，那就意味着一切都要从头开始，在效率、成本和创新的每个角度都做出颠覆性的变革。所以，马斯克定下的团队文化是："目标要足够远大，近乎不可能实现更好，不要听别人的劝阻，埋头苦干，辛勤耕耘，跨过每一道阻碍。"

这样的文化算法目标清晰、设计精妙，可我们设身处地地想一想，当这样的文化算法真正被推动起来的时候，你又如何能在一系列烦琐而严格的航天安全规范下"不要听别人的劝阻"？又如何在"烧光"了所有融资却连续炸了两枚火箭的时候，还能继续让团队坚持"埋头苦干，辛勤耕耘，跨过每一道阻碍"呢？

但这个团队就真的让这样的文化算法坚持运行了下来。克里斯蒂安·达文波特在他的《下一站，火星》一书中曾举过一个例子：2010年，SpaceX的猎鹰9号火箭（Falcon 9）第二次发射之前，二级火箭引擎的裙部导管发现裂纹。谁都知道让火箭带着裂纹发射是不可能的，而符合NASA安全要求的标准流程是：拆解→替换→重新检查，至少也需要一个月的时间。但SpaceX团队给出的方案是：沿着裂缝切开，把裙部裁短。于是最终决策只花了 30 分钟，发射也只推迟了一天。

所以，解决问题永远不是关键，解决问题的速度才是关键。让文化算法执行起来，你就获得了发现和解决问题的巨大空间。

另外，文化算法如果执行不起来，反而会带来非常糟糕的后果。因为有了规则就要执行，假如你看到了不达标的业绩却不回应，那就等于在告诉团队成员，你正在推翻原有的算法，并重新确立标准。

试想一下，假如倡导"勤俭节约"的亚马逊一边让员工使用用门板打造的办公桌（这是事实），一边又对员工出差住进某酒店的豪华套房熟视无睹，那么这家公司到今天又会是怎样的一番景象呢？而假如倡导"埋头苦干，辛勤耕耘，跨过每一道阻碍"的 SpaceX 等着让 NASA 的专家来审批自己火箭的每一道工序，那么我们也许到今天都看不到 Falcon Heavy 三枚一级火箭被回收的震撼场景了。

对团队成员的要求如此，作为团队文化的创始人，更要言行合一。曾经的硅谷血液检测公司 Theranos 创始人伊丽莎白·霍姆斯（Elizabeth Holmes），早年也是想干一番事业的"天才"女孩，从一开始就为自己打造了"女版乔布斯"的人设，创立公司伊始就把团队文化定义为"医疗健康领域的 iPod"，她还会把办公室的空调温度设定在 15 ℃，只为了每天都能保持黑色高领毛衣和牛仔裤的类乔布斯装扮。虽然这样的人设类比很快在资本市场聚集了极高的期待，也让 Theranos 在短时间内成了硅谷最受追捧的独角兽之一，但在实际研发的过程中，霍姆斯也亲手主导了"假装成功，直到你真的成功"（Fake it till you make it）的作风，不仅没有把自己定义的团队文化执行起来，还不尊重科学、稀释样本、冒用竞品、数据造假，所以最后落得公司解体，自己锒铛入狱也就不足为奇了。

当然，定义出团队文化还只是万里长征的第一步，正如算法要靠连续运行体现价值一样，团队文化的建设是依赖于行动的。别让团队成员只能从企业文化墙上看到企业设计的文化算法，要让它生根落地。在它连续运行的时候以身作则、保持坚定，在它被迫中断的时候找到瓶颈，那么企业的团队文化逻辑就真的开始起作用了。

算法逻辑之扩展要素

在大数据和人工智能时代，也许你常常能听到关于算法的两个描述，一个叫作"算法模型是靠数据'喂'出来的"，另一个叫作"算法具有自学习、可进化的能力"。抛开这两个描述的准确性不谈，它们倒是都讲出了同一件重要的事情，那就是算法有迭代和扩展能力，也就是这一节我们要讨论的扩展要素。

试想一下，假如一个搜索引擎为你查找的关键词"三国"运行搜索算法，却只能为你返回"三国杀游戏"而没有任何关于我国古代汉朝、晋朝之间的历史和故事时，你一定知道，它哪里出了问题；而假如它的算法逻辑很精密，可你却非要在某个浏览器的搜索框中输入"打开我手机上的××应用程序"的指令，那也确实是强人所难。所以，想要把握好算法的扩展要素，本质上需要我们建立起两种意识：

1）当算法出现漏洞时对其及时修补的意识；
2）当目标问题发生变化时及时设计新算法的意识。

而如果再看团队文化这个连续运行的算法，你会发现这两者的逻辑依旧是高度吻合的。

我们先来看第一种意识。本·霍洛维茨（Ben Horowitz）曾说，当团队文化出现问题时，经常会有3种信号：1）你希望留住的人开始频繁请假；2）你无法有效地解决经营中的当务之急；3）某个员工的行为令你震惊。而当这些信号明确无误地发出时，你就要开始着手修补自己的文化漏洞了。优步（Uber）就是霍洛维茨提到的一个典型的反例，我们不妨来一起看看。

作为世界上比较有竞争心人群中的一员，优步创始人特拉维斯·卡兰尼克（Travis Kalanick）为公司定下了一以贯之的团队文化："竞争。"这固然极大地推动了优步在初期的飞速发展，但一系列信号也在提醒人们，他的文化算法存在重要的漏洞。例如，任何提出要花时间打磨并生产高质量产品的员工，甚至包括法律团队成员在内，他们都被告知那样做不符合公司的风格；在进入中国与滴滴出行的竞争中，他们设计了应用程序来截取竞争对手的驾乘人员信息；在女员工投诉上级性骚扰的时候，公司高层却传递出了"处罚一名业务出众的经理不符合竞争原则"的声音。所以，文化算法的漏洞，硬是把优秀的竞争精神变成了急功近利的手段，也恰恰是因为这些漏洞没有被及时修补，优步备受市场瞩目的原因竟然是它屡遭诟病的团队文化。而当董事会成员最终将矛头对准卡兰尼克的时候，他的出局离场也就不难理解了。

除了根据预警信号及时地做出调整，大家还要建立第二种意识。企业发展永远充满了精彩的意外，当团队战略与方向目标发生变化的时候，文化也需要做出相应的调整和升级。就像那个无法打开你手机上的××应用程序的某个浏览器一样，在面对新问题时我们就要主动求变，不要指望文化算法能自己琢磨明白。

多年前我还在谷歌工作的时候，正赶上移动互联网的大潮，用户开始越来越多地依赖智能手机，所以那时华尔街分析师最关心的就是谷歌能否把PC端的用户和广告收入迅速地迁移到移动端来，并保持原来的增长健康度。这个新目标一眼看去似乎没什么困难的，反正都是搜索，逻辑都差不多，但真的是这样的吗？

如果仔细想想你就会发现，用户使用手机的场景和使用电脑的场景根本就是不一样的：用户在使用手机时，周边环境对用户注意力的分散、时间的碎片性、对结果精确度的耐心、对更方便的语音输入能力的要求、各个应用程序之间的唤起和联动、对广告的阅读和点击习惯……所有这些新鲜的目标问题都在告诉我们，应该有一套更新的文化算法来支撑更快速地产品变革。

所以，时任谷歌CEO的拉里·佩奇为公司制定了"移动优先"（Mobile First）的战略和文化，鼓励全体员工在每周的特定工作时段只用手机、平板等移动设备办公，进而深度体验各种移动端产品并给出反馈，这为谷歌新产品功能的内测提供了大力的政策支持。这样操作下来，公司全体员工都在这个新的文化算法驱动下连续运行了起来，谷歌也由此以极快的速度完成了向移动互联网世界的成功转型。

所以，当你构建出具有扩展能力的文化算法，能够随着运行查漏补缺，并根据方向的调整对文化做出相应的升级时，那么你的团队文化逻辑不仅能支撑更大规模的业务增长，更能在连续运行和不断迭代中找到稳健的平衡点。

上个台阶

前面我们介绍了算法逻辑的三要素，并能够以此构建强大而有战斗力的团队文化，但我们还需要牢记一点：出色的文化并不一定能保证团队取得成功。用数据思维的语言来讲就是出色的文化是成功团队的"必要但不充分"条件。

打个简单的比方，文化对于团队的意义，就好像射击训练对于士兵的意义。科学的评估和严格的训练肯定对提升每个士兵的射击水平都有好处，但很显然，通常只有天赋出色且综合素质优异的那一批人，才有可能被培养成为顶级的狙击手。

正如我们一直在讲文化算法是一套连续运行的法则，它能保证团队用"正确"的方式做事，但企业做的是不是"正确"的事情，如产品是否有竞争力、赛道是否是新趋势、市场是否已经成熟等诸多因素，也都不是单单靠文化算法就能够解决的问题。我们会在后面的章节里，对这些因素进行更详细的讨论。

划重点

1. 团队文化，就是驱动团队健康运行和良性成长的内生算法，它能使团队成员在公司领导者缺席的情况下做出判断，就是在连续性基础上运行的原则。

2. 如果你正在面对团队文化的问题，你都可以通过算法逻辑的3个要素来厘清思路，并找到对策。这3个要素分别是目标要素、执行要素和扩展要素。

3. 出色的文化确保团队用"正确"的方式做事，却并不一定能保证团队和企业取得成功，它是成功团队的"必要但不充分"条件。

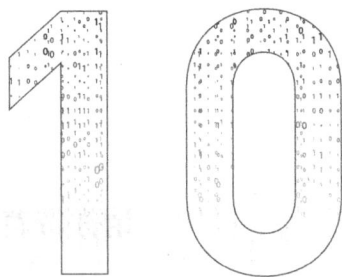

10

选人：

用画像逻辑帮你找到最佳人选

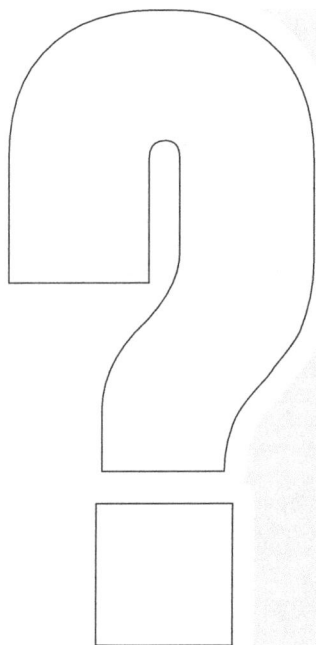

请你带着这些问题阅读：

▷ 企业为什么常常出现面试标准不统
一、选人质量参差不齐的问题？

▷ 企业选拔人才，是为了当下的产出，
还是为了未来的储备？

▷ 哪些数据思维的方法技术可以帮助企
业选拔人才？

> 一家伟大的公司，必定是由一群充满使命感，并注重长期合作关系的人组成的。
>
> ——彼得·蒂尔

我们都知道人才对于组织发展的重要性。都说平民出身的汉高祖刘邦"上马不能战项羽，下马不能写文章"，但他非常重视招揽人才，善于把优秀的群体聚拢起来，补全自己的短板，终成霸业；而项羽虽然个人能力出众，所谓"力拔山兮气盖世"，但因为不得贤才辅佐，又喜欢大权独揽，最终兵败乌江。像这样的例子，在历史长河中不胜枚举，而在复杂多变的商业场景中更是如此。各种商业研究报告都在从各个角度告诉我们，企业必须在"人才争夺战"中取胜才能赢得未来，甚至连乔布斯都说他自己花了半辈子的时间才充分意识到人才的价值，平时会抽出四分之一的时间用于招募人才，他还说："过去我常常认为一位出色的人才能顶两位平庸的员工，现在我认为能顶50位。"我们无时无刻不在希望能够吸引更多的、适合自己企业的优秀人才加入团队，一起共事，也希望能最大限度地识别和挖掘现有团队成员中的潜力之星，所以，如何识人选人便成了企业领导者最重要的课题之一。

　　理想很丰满，现实却可能真的比较骨感。我们不妨回想一下，有多少时候，我们的各级管理者一边要求"大力引进优秀人才"，一边却把这个重要的工作扔给人力资源部和招聘主管的头上；有多少时候，初创阶段的企业因为风险太高让很多优秀的人才望而却步，而平台成熟的巨头企业高薪招揽来的业务骨干也会频繁跳槽快速流失；又有多少时候，几位主管坐在一起讨论某个岗位的候选人时，却突然发现大家对"优秀"的定义其实都各不相同。这背后的核心原因到底是什么呢？

　　其实，用数据思维的语言来讲，这是一个从单维度比较向多维度评价的转换过程中必经的"阵痛"。如果你玩过竞技类的游戏就会知道，每一位运动员的综合能力虽然都会由一个数值来代表（往往是 0 到 100 之间，有时甚至会超过 100），但也一定会同时为你展示他/她的各项技能水平，从进攻到防守的能力，从传球到组织水平，从天赋到伤病风险，甚至还包括领导力和意志力，等等。运动员尚且如此，人才的评价就更不是可以依靠某个单一维度就可以完成的了，因为它至少包含了三个方面的综合考量因素：岗位类型、职级属性及特点差异。

　　企业的人才需求首先是按照岗位需求划分出不同的岗位类型，对不同岗位的员工有不同的技能要求。一位优秀的销售员也许每年能完成上亿元的销售业绩，但可能并不具备基本的财务从业资格；技术专家要具备的往往是架构与研发能力，但也未必就得像产品经理一样掌握完整的需求分析方法论。不仅如此，即便是同一个岗位，处于不同需求阶段的企业同样对优秀员工有着不同的定义；初创公司的项目经理可能需要一专多能，对内能管进度，对外能控需求，甚至在参与运营维护的同时还要参与制定公司的项目管理规范；但在大团队中也许分工配合会更精细一些，多个项目的并行与项目管理的流程优化才是相应项目经理的关键技能。所以，每个岗位对"优秀"人才的定义，本就是一件高度个性化的事情。

然后是职级属性。我们总说职级体系里会分技术序列和管理序列，本质上就是不同层级的岗位同样有着高度差异化的能力要求。我们当然不能因为初级员工没有在团队中发挥好的领导作用，就评价他/她不够优秀；同样也不能因为某位领导者每天都会亲临现场手把手地指导技术工作，就说他/她是一个出色的管理者。有功劳也好，有苦劳也罢，人才优秀与否，与肩上要挑多重的担子密不可分。

最后还有人与人的特点差异。即便是同样的平台、同样的岗位、同样的职级，想要分出候选人的三六九等，也不是一件容易的事。有的人可能年龄偏大但行业经验丰富，有的人可能过于年轻但是有冲劲、学习能力强，有的人可能技术一般但对公司使命愿景高度认可，有的人则可能性格孤僻不善合作但着实是一个技术天才……这个世界上鲜有毫无弱点的"六边形战士"，而识人选人则更是一个多维度评价的复杂问题。

　　不要小看多维度评价，因为我们可能一不小心就会进入一个恶性循环的评价陷阱，有时候人们叫它"选择困难症"，在决策科学中则被称为"金钱泵"。试想你正在为自己挑选人生的第一辆汽车，并找到了 A、B、C 三个备选方案，结果 A 方案中的汽车外观最好看，B 方案中的汽车马力最足，C 方案中的汽车则是安全属性最高的一款车型。如果我们把这样一个本应该多维度评价的问题变成了从单维度角度进行比较的问题，那么我们可能永远做不出选择了，甚至理论上还可能出现"为了马力付费从 A 方案换到 B 方案，又为了安全付费从 B 方案换到 C 方案，又为了外观付费从 C 方案换回 A 方案"的循环，从而成为别人可以利用的"金钱泵"。而识人选人面对的问题可能更加严峻，因为作为面试官的决策者远不止一个，如果大家没有统一且逻辑一致的评价方式，那么对每个人人才能力的侧重点就会出现比较大的偏差，岗位匹配的漏洞也就会随着时间的推移不断暴露出来。

　　因此，数据思维的方式和特点可以在很大程度上帮助我们更好地应对识人选人的问题，不仅能指导我们的面试选优，还能通过数据模型做出人才画像，而我把这些能力统称为"画像逻辑"。那么，我们又要如何掌握画像逻辑的思考方式呢？我们来看画像逻辑的要素公式：

画像逻辑 = 阶段产出要素 + 长期成长要素

接下来，让我们围绕这两个要素逐一展开。

画像逻辑之阶段产出要素

前面我们围绕多维度比较的难点进行了讨论，而其中一个非常常见的选人维度，也是造成选人标准不一致的重要误区来源就是时间周期的统一。我们知道，NBA 中的一些球队宁愿冒着打破薪资平衡的风险也要招募巨星加入，以期"赢在当下"追逐总冠军；而另一些球队则选择"摆烂"来换取高顺位选秀权，通过获得和培养潜力新星"追逐未来"，实现重建。这是两种完全不同的建队思路，同样都会极大地影响识人选人的价值标准和方式方法，这也是为什么我们会专门围绕"阶段产出"和"长期成长"这两个要素分别展开讨论。

你可能会说，我们的选人和招聘都是放眼长期的，不存在阶段产出的考量。但如果你仔细想想就会发现，事实并非如此，阶段性的聚焦并不代表临时性的工作，而恰恰相反，以阶段产出为目标的识人选人标准，往往需求明确、时间紧迫、工作产出有清晰的评价标准，甚至连新员工入职之后的第一项工作都已经虚位以待了，其实这才是我们日常进行面试考核时的核心，也是选人和招聘的常态。

既然是以阶段产出为目标进行识人选人的，那么优先级就不在于人才储备——尽管我们绝对希望应聘这些岗位的胜出者都能在未来成为公司的中流砥柱，但在进行面试时，我们更多聚焦的一定是围绕阶段产出的能力考核和筛选的，以期"来之能战"。

想要用数据思维的方法把这件事做好，我们不妨用库存管理和补货优化的逻辑来做一个类比，虽然一个是补技能，一个是补货物，但是下面列举的两个底层逻辑是非常相似的：

1）统一度量衡以进行量化比较和评估；

2）设定标准水位的上下线。

首先是统一量化标准，这是应对多维度比较的上策，换言之，就是要把各个维度不同的比较方式最终都统一到一种计算方式里、一个综合指标下，这样一致性的比较才会变得可能。拿库存补货的逻辑来看，为了能用不积压的方式满足最多的需求，我们要选择在什么时间、用哪种商品、从哪个渠道、补多少货品，但为了评估和优化这个过程，我们面对的信息维度会有商品数量（个数）、商品质量（合格率）、商品价值（金钱），还有供应商资质（白名单）、补货频率（次数）、到货时间（时间长度），以及订单满足率（百分比）、客户满意度（星级打分）等。所以，这么多个度量衡放在一起，谁也没办法搞清楚到底怎么才能选出最优的补货策略，而统一度量衡，就是要把它们都转换成同一个重要指标（如总利润率），而计算这个指标所需的要素（如各项收益、各种成本等）都和上面列举的不同维度有着密切的关系，从而最终实现可加减、可加权、可比较的目标。

在识人选人上也是如此。《哈佛商业评论》曾在2016年发表过一篇著名的文章 "A Scorecard for Making Better Hiring Decisions"，专门介绍面试中常见的偏见和量化面试打分卡的方法，虽然听上去只是简单的加权平均计算，但意义重大。面试官在面试候选人时往往会存在偏见、情绪化和不一致，但选择性记忆又会使他们难以准确回忆面试时对候选人的印象，这反过来又会促使他们难以了解自己的偏见并准确评估他们作为面试官的技能。所以，我们不仅可以让面试官使用面试打分卡为候选人打分，更应该使用统一的量化方法为面试官做出评价。

对候选人设置的面试打分卡的内容不难理解，即围绕每个被考察的维度（如技术水平、领导力、沟通能力、表达能力、价值观等），在一个统一的分数区间内分别打分（如1～5分，1～10分，1～100分等），再根据相应岗位对每项能力的侧重用加权平均的方法把各个维度的打分综合起来得到总分，这就是一个可以比较的基础。当然为了做好这件事，也许还需要结构化面试题库的搭建、面试官的培训、面试反馈及时性的要求等，但本质上这就是统一人才评价度量衡的重要一步。

而对于面试官的评价，也同样重要。我们既不希望招到不符合岗位需求或不具备岗位能力的人选，同样也不希望面试官因为过于保守而错过那些闪光的"金子"。就像硅谷工程师Brian Acton一样，在2009年没能通过Meta（原Facebook）面试之后，他和Jan Koum联合创立了WhatsApp，并在5年之后被Meta以超过190亿美元收购。所以，结合上面的面试打分卡，我们还需要定期把面试时对每个维度的打分做跟踪，根据候选人在工作中的实际表现重新打分，并和面试时所做出的"预测"关联起来，我们也就可以基于此更详细地了解面试官在评估不同标准时所体现出的准确性，并给出量化的反馈（见图 10-1）。

Interview Scorecard

Candidate name _____

Position interviewed for _____

Date _____

CRITERION	INTERVIEW RATING (1-5)	PERFORMANCE RATING AFTER HIRE (1-5)	GAP	COMMENTS/ LESSONS LEARNED
1 **Technical ability**				
2 **Leadership skills**				
3 **Interpersonal/ team skills**				
4 **Presentation skills**				
5 **Organizational citizenship**				

图 10-1　面试打分卡样例

　　而在统一度量衡之后的第二件事，则是设定标准水位的上下线。还以库存补货为例，一种常见的库存策略是设定所谓安全库存上下线，当库存水位低于下线的时候，必须做出补货动作；而当库存积压超过上线的时候，必须停止补货甚至开启促销、清仓策略。而对于以阶段产出为目标的识人选人来说，在通过综合打分区分高低的同时，还要定出"红色预警线"和"绿色通道线"。

之所以要定出标准水位的上下线，其实是为了避免候选人在某一项考核维度中完全不符合标准或能力太过出众，但在总分中无法体现其相应的特点。"红色预警线"往往是企业在招聘中不希望候选人触碰的红线，比如有的面试官拒绝招聘连续在三家企业供职不超过一年的不间断跳槽者；有的面试官不喜欢候选人把所有失败挫折的原因都归结到团队身上；有的面试官觉得候选人在面试中无法控制自己的情绪，是一个硬伤；也有很多的面试官认为候选人在面试中泄露前东家的商业机密绝对是红线等。当这样的情况发生时，就算他/她在其他维度的表现很出色，"红色预警线"也会帮助企业及时预警，划清界限。而"绿色通道线"则可以帮企业关注另一个极端，当候选人在某一个方面拥有卓越的甚至碾压式的优势（如"天才级"的技术能力），但在诸如沟通能力、领导力等许多维度上得分都不高的时候（当然没有触碰"红色预警线"是前提），"绿色通道线"的机制也可以帮企业识别出这样的特殊人才，或许破格录用，或许多做一轮考核，但不管怎样，我们一定不希望错过任何一个把团队木桶的长板加长的机会。

所以，以阶段产出为目标的识人选人标准，不仅是企业面试和筛选人才的核心，更是企业借助量化的手段对候选人和面试官的能力做出双向评价的法宝。当你能够用统一的度量衡来评估候选人的多维度能力时，相信你的招聘规范性已经有模有样了。

画像逻辑之长期成长要素

介绍完了以阶段产出为目标的识人选人标准，接下来我们要讲解"赢在未来"的长期成长了。长期成长，顾名思义，无论是对外寻找实习生、管培生甚至创业初期的合伙人，还是从企业内部做人才盘点、发现和培养高潜人才和未来骨干，长期成长都要更关注人才在未来能否跟随企业一起成长、不断获得新的能力提升，并不断承担更重要的工作。所以，这不仅是企业经营中进行人力资源投入的重要决策问题，在本质上更是一个动态且复杂的预测问题，因而也自然少不了数据思维的赋能，这就是我们要在这里展开讲解的画像逻辑之长期成长要素。

如果大家熟悉人力资源管理，就会知道在人才盘点中有一套重要的方法论，叫作"人才地图"，而因为它通常会划分出一个3×3的人才矩阵，故而也被称为"人才九宫格"（见图10-2）。这不是绩效考核，而是一种用于划分人才结构的典型定性方法，对于人才群体从"未来潜力"和"当下绩效"两个角度，以及通过高/中/低的水平划分，形成9个象限，而那些当下绩效较为出色而且未来潜力十足的群体，自然也是会被组织重点关注的高潜人才和未来骨干。

但它毕竟只是一种定性的方法，所以在实践的过程中，往往也会遇到若干问题，如不同岗位职级中同样被列为高潜人才的人员，应该以怎样的方式因材施教呢？如何确保负责打分的

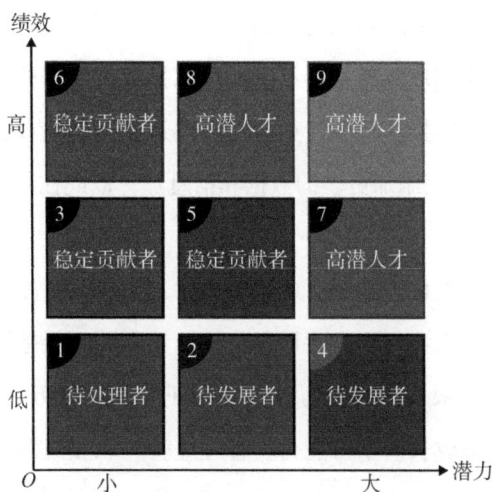

图 10-2　人才九宫格样例

各位主管能够理性地思考未来骨干，而不是只把正在承担重要工作的员工默认为未来骨干？对于人才地图每半年左右一次的更新，又如何保证新信息能及时输入？想回答好这些问题，我们需要数据思维的量化手段，可以借用人工智能算法的逻辑，而这里面有 3 个重要的维度需要我们掌握，分别是建立标签体系，建立映射关系，以及保证样本数据的数量与质量。我们分别展开讲解一下。

　　第一个维度，是建立标签体系。我们要找到那些有助于定义和预测未来的信息点，这是所有预测逻辑的基础，也是任何人工智能算法做出画像的重要基础。试想一下，你手机上的某款音乐 App 大概率会根据你的历史播放记录和授权的个人信息，来为你打上各种标签，从年龄、性别到喜欢哪些歌手，从中文和外语的选择到民谣/爵士/蓝调等风格的喜好等，而有了这些标签做基础，你的应用程序也就更容易判断可以推荐给你哪些音乐，并随着你越来越多的操作行为（如打开、跳过、循环播放、寻找相似等），为你的标签添加更多的数据和信息点，以此往复循环。

而识人选人也是如此。所有对人才未来成长高度相关的信息点，都应该进入我们为人才做画像的标签库，无论是影响当下绩效的如工作年限、专业学历、技能认证、项目经历、团队评价，还是影响未来成长的学习能力、管理经验、职业规划、表达能力等。虽然这些标签会因企业而异、因岗位而异、因职级而异，甚至还会因时间而异，但把它们定义清楚，并在应用中保持一致，则能帮助我们为人才画像打下坚实的基础。

第二个维度，则是建立映射关系。换句话说，我们要告诉算法每种标签组合对应的最终结果到底是好还是坏。打个比方，如果你看金融征信机构中已经通过审批的借款人的数据，就会发现尽管每个人都有一套独特的信用标签组合（如信用分、收入、生活缴费记录等），但对于违约风险，每个人都有同样且唯一的评价标准：是否按时还款。所以，这就构建出了一个从"信用标签组合"到"是否按时还款"的映射关系；而如果我们关心怎样的信用标签组合对应最低的违约风险，那么这个映射关系下的千千万万条数据组合在一起就能更好地给出答案了。

同样地，只搭建起人才画像的标签库，我们还只是完成了第一步，搞清楚究竟怎样的表现才算企业需要的优秀人才则是构建人才画像映射关系的重要一环。简单地说，尽管每个人都自带一套标签组合，但每个人都要归属于人才九宫格中的某一个象限，而且这个象限大概率还要用数字化的方式来代表，这样我们就可以通过量化模型来更好地梳理出究竟怎样的人才标签组合会更容易对应到高潜象限，又有怎样的标签属性可能更容易带来较差绩效的表现。当然，在这个过程中有很重要的一件事就是要持续不断地更新这些映射关系，如某个成员在年初有较强的学习和表达能力及初级的管理经验，然后被归到了高潜象限，但到了年中评价更新的时候，虽然他的管理经验有了提升，但评分可能因为团队的负面评价而降了几个等级，那么这就相当于我们又新增了一条全新的映射关系样本点。

而第三个维度，则是保证样本数据的数量与质量。你也许会问："如果公司一共就一百来名员工，就算对每一名员工都做画像标签与映射搭建，这点儿样本量能支撑一个好的预测模型吗？"这是一个很好的问题。的确，标签体系越复杂，我们建立画像模型所需的数据量也就越大，尽管确实存在很多专门针对小样本的建模方法，但如果能获得更大体量的数据当然是最好的。而幸运的是，我们其实可以通过前面介绍的结构化面试打分卡的方法，在外部面试的过程中用同样的标签体系和打分标准，对外部候选人的表现进行画像与评价，这样一来，我们的样本量规模自然可以得到成倍的提升。

　　而相比于样本数量，更重要的其实是样本数据质量的保证。我们在前面的章节中曾经提到过的"幸存者偏差"，就是一个典型的样本质量问题，而在样本数据积累的过程中，同样也会有各种主客观的因素需要我们关注，否则就会显著影响样本数据的质量。构建标签体系也好，建立映射关系也罢，我们不能对男生/女生有偏爱、不应对年龄有挑选、不能对职级有差异，也不能对薪资有歧视，除岗位必备的资质之外，其他都不应该成为影响画像的数据偏差来源。打个很简单的比方，如果你的员工恰好都是研究生及以上的学历，那么你的人才画像难道就不应该包括本科毕业的同学了吗？招聘选才、识人选人本就是一件广泛、长期、重要而又多样化的工作，当你有了属于自己企业的人才标签体系，建立起了从标签到人才地图的映射关系，并保证了样本数量与质量的底线，那么画像逻辑里的长期成长要素也就可以开始帮助你发挥重要的作用了。

　　事实上，我在谷歌时的一位老同事（从谷歌离职后自己创业），在硅谷开了一家公司，就专门通过人工智能算法帮助各类候选人构建他们的画像，并助力他们与企业实现对接，在提高面试成功率的同时，也帮助企业更好地了解自己的人才结构画像。这家公司后来成长迅速，也成功地被Meta收购。所以，画像逻辑是企业识人选人的重要"武器"。

上个台阶

在最后这个部分，我觉得有必要对与画像逻辑相关的两件事做出一些补充说明。首先，我们所讲的人才地图也好，人才画像也罢，都是对人才结构和未来预期的描述方法，而完全不是对当前绩效的考核机制。绩效考核不仅是针对一段时间内的具体工作成果所进行的综合评价，而且应该尽可能通过简单、透明的机制与员工同步，也只有这样才能有效地对下一个阶段的工作和成长开展建设性的讨论。我们当然可以用算法对人才结构的变化趋势做出辅助分析，但是不大可能、也不应该用黑盒子一般的算法模型来评价员工在具体工作上的表现。

其次，细心的你可能已经发现，我们通篇所讲的画像逻辑，无论是聚焦产出的面试筛选，还是关注成长的长期建设，都有一个基本的前提，那就是我们对岗位需求有清晰、明确的界定和要求，一切讨论都是因岗选人，而从未提及过因人设岗。我个人并不赞同"因人设岗"这个概念，因为它虽然从表面上看似乎体现着对人才的无限尊重，只要员工足够优秀企业就为员工专设新岗，但事实上，不论是为了把新岗位定义得清晰、明确、工作量适度而花费的额外努力，还是为了配合新岗位需要增加的流程和协作，以及因为招聘标准的变化造成团队对公平性、公正性的质疑，因人设岗都有不少的弊端。所以，除非是需求模糊的探索型业务恰好遇上了自驱力极强的创新型人才，否则我们对于因人设岗这件事还是要保持高度的谨慎的。

划重点

1. 在复杂多变的商业场景中，企业必须在"人才争夺战"中取胜才能赢得未来，所以，如何识人选人，便成了企业领导者最重要的课题之一。

2. 数据思维不仅能指导我们对人才的面试选优，还能做出人才画像。你可以通过画像逻辑的两个要素来厘清思路，它们分别是阶段产出要素和长期成长要素。

3. 画像逻辑只为企业提供识人选人和描述人才结构的能力，它虽然不是绩效考核的方法，却是基于因岗选人的前提。

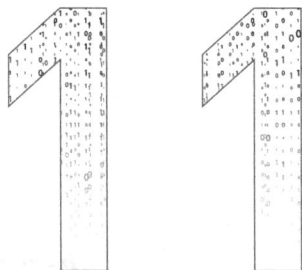

11

用人：
用大数逻辑将授权进
行到底

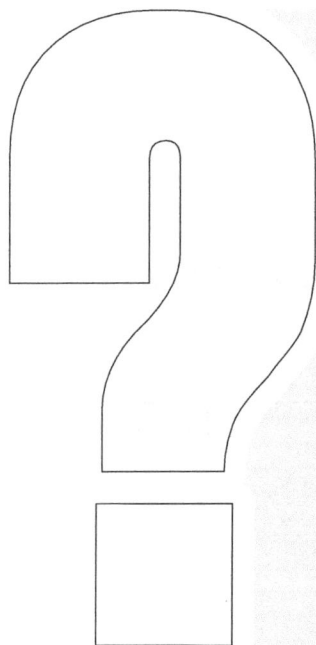

请你带着这些问题阅读：

▷ 群体的智慧是否值得信任，又会以怎样的方式成为业务发展的支撑？

▷ 企业领导者如何更好地在企业管理中找到"授权"与"控制"的平衡点？

▷ 为什么目标的共享与能力的传承是赋能的关键？

> 众多平凡之人如果齐心合力，所做的集体判断往往比伟大的个人更为出色。
>
> ——亚里士多德

詹姆斯·索罗维基（James Surowiecki）曾在他的著作《群体的智慧》一书中，详细地阐述了一个理念，那就是一个组织通过集合了多样化的且独立存在的个人判断所得到的结论，很多时候会比某个成员单独做出的决定要好得多。既然这一章要讲解企业的用人逻辑，那么我们不妨通过快速重温索罗维基先生讲过的两个经典案例来作为本章的开头。

第一个案例介绍的是英国科学家弗朗西斯·高尔顿（Francis Galton）的轶事，他在1906年的集市广场上，曾让现场的787个人各自独立地估算某一头公牛被屠宰之后的质量。在这近800人中，虽然有一些屠夫和农夫，但绝大多数人都是完全没有屠宰或养殖经验的旁观者，所以高尔顿也对这些看似毫无边际的猜测数字并不抱什么希望。然而事实上，当所有这些数字相加取平均值之后，所得的1197磅估算结果，与最终上秤得到的1198磅的实际质量只有毫厘之差。

另一个案例则是要面对一个更复杂的问题。1968年5月，美国海军的"天蝎号"潜艇在返港途中失联，消失在茫茫的大西洋深海，失踪原因未知，仅有的定位信息也还停留在失联前的最后一次通讯汇报中，所以美军专家最开始的搜寻工作是以最后报告的位置点为圆心、以32千米（20英里）为半径、深度达到上千米的巨大范围内展开的，这很显然是一个无法让人乐观起来的搜救范围，自然也没人抱有太大的希望。然而，一位名叫John Craven的海军军官却选择采用一种不同的方法，也依旧沿用了依靠群体智慧的思路。他首先列举出了导致"天蝎号"失联的若干种可能性；然后一个由数学家、海军专家及打捞人员组成的特别小组随即成立，让大家各自独立地判断潜艇最可能的失联原因，并对潜艇失联时的方向、速度、下沉角度等给出猜测；最后他使用贝叶斯定理（一种概率论方法，用于计算新信息如何改变人们对事件发生可能性的原有预期），把所有这些猜测整合成了一个最终结果——确定潜艇的位置。尽管这个最终结果与任何一个人给出的单独猜测都不相同，却是一个近乎完美的判断，因为它和这艘潜艇在5个月后被发现时的地点，仅仅相差了220码（大约200米）。

所以，这两个案例都在告诉我们，在恰当的场景下群体是有大智慧的，而作为企业领导者，除了要识人选人，把优秀的人才吸引到组织中来，更要用好人，挖掘和激发出群体的智慧才能实现更好的管理。所以企业领导者想要用好人，既不能逞强单干、搞个人英雄主义，也不能放手不管、用不作为来代替真正的授权。那么，我们如何才能在用人和管理中恰当地找到这个平衡点呢？

其实，关于群体的智慧这个特性，在概率论中也有一个与之相似的理论，叫作"大数定律"。而事实上，我们完全可以用这个定律背后所蕴含的逻辑，来为用人和管理指出一些方向，这也是为什么这一章的数据思维逻辑被称为"大数逻辑"。接下来，我们不妨先来一起来看看大数定律说的到底是一件什么事。

如果只扔一次硬币，落地后是正面向上还是反面向上我们完全不知道，但如果扔的次数多了，正面和反面向上的次数就都会变得近似相同，平均值也会趋于稳定。所以，大数定律说的就是当多次重复某一个试验的时候，随着样本数量的增多，最后的样本频率就会无限接近事件的真实概率。用数学语言来讲就是如果用 μ 来代表 n 次独立试验中事件 A 发生的次数，且事件 A 在每次试验中发生的概率为 p，那么对任意正数 ε，就有如下的公式：

$$\lim_{n \to \infty} P\left(\left|\frac{\mu_n}{n} - p\right| < \varepsilon\right) = 1$$

在企业中，用人和管理也是这样，如果我们希望群体的智慧能如大数定律般不断显现，那就也可以借鉴大数定律背后的逻辑：样本要相互独立，正如同我们在用人和管理上要充分地授权；而样本也需要遵从同样的分布，则如同企业领导者要与团队成员共享目标和资源。所以，我们来看大数逻辑的要素公式：

大数逻辑 = 独立要素 + 同分布要素

接下来，让我们围绕这两个要素逐一展开。

大数逻辑之独立要素

无论是估算公牛质量的人们，还是预测失联潜艇位置的特别小组，都被要求在各自独立的情况下给出自己的估计，而大数定律中的 n 次试验，也被要求相互独立没有关联，事实上这一切都不是意外。相对独立性是群体智慧能够被挖掘和激发的一个重要条件，而映射到组织管理和企业用人的场景中时，虽然已经远不再是计算平均值这种简单的运算问题，但企业领导者能否充分而科学地授权，让每位团队成员独立承担责任、发挥主动性并能独立进行关键性的思考，依旧是最大化团队潜力的核心方法。这就是为什么我们要详细地讲解大数逻辑中的独立要素。

"英雄式"的领导者永远是一个充满魅力的形象，他们似乎对行业的专业知识无所不知，充满高水平的战略眼光，趋势预判无比准确，并会随时给团队下达精准的指示与命令。这样的领导者精力充沛，如拿破仑般运筹帷幄，也像指导员一样事无巨细，但在当今的商业环境中，这样的领导者不仅非常稀有，事实上也越来越无法符合时代的需求。第一，信息数量是以暴发式的方式增长的，我记得某份研究曾说，我们现在每天从各种渠道接收的信息和新千年之初的时候相比已经在成倍地增加，纵使是个人能力再强的领导者，在信息如此超载的现状下，单看个人能力也只能是一个作用有限的团队成员，因为人的精力和注意力有限，如果同时处理多个任务，大概率这个人完成任务的能力就会显著下降；第二，随着组织的成长，规模变得庞大、网络变得复杂，总有领导者不知道的事情在飞速演变，但领导者也总是需要对这些看不清甚至看不到的事物进行宏观的管理，所以就算是"英雄式"的领导者，在黑暗中做出的决策往往难以有较高的质量保证；第三，除了对领导者指令的坚决遵从与执行，团队成员的成长也需要更多不同的营养，如果领导者只是把自己看作运筹帷幄的象棋大师，那团队成员再怎么成长，也只能做一枚有极强执行力的棋子，但用人和管理不是简单的对工作进行分配，而是要像园丁一样，构建组织成长的架构、流程和环境，这样才能使各个组成部分能够自主地运转，团队和成员也才能随之成长。而这，也恰恰就是独立要素的本质。

那么，我们的企业领导者为构建独立要素所做的授权工作又该如何进行呢？《哈佛商业评论》曾有一篇文章说，"97%的企业领导者都说战略思考重要，但这些领导者中的96%的人也都认为他们被本可以授权出去的日常事务缠身，因而没有足够的时间做战略思考。"所以，这是一个非常有趣的结论，也是很有代表性的发现。没错，企业日常运营中的紧急事件每天都会有，比战略保质期更短的问题也无处不在，但如果没有好的授权，自然也就没有团队成员的有力保障，领导者也只能"用战术上的勤勉掩盖战略上的懒惰"了，这很显然不是一件好事情。所以，想要把独立要素用好，需要掌握以下3点：

1）划清授权边界；

2）推动团队协作；

3）营造创新心态。

第一点是划清授权边界。如果独立要素意味着团队不需要领导和管理，那很显然说明我们错误地走向了极端，所以第一重要的就是边界问题。我们不妨先来看一个案例。美国陆军四星上将斯坦利·麦克里斯特尔（Stanley McChrystal）曾在他的《赋能：打造应对不确定性的敏捷团队》一书中，描述过他带领团队与伊拉克"基地"组织战斗时的观察与思考：按照常规的管理流程，特遣部队下属单位的司令官在确定了"高价值目标"所在地后，一定会来向作为总司令的麦克里斯特尔将军申请下达出击的命令，但因为这种出击（如一次精确空中打击）很可能会危及平民的生命，所以总司令会进一步了解更多的背景情报、阅读文件、提出问题甚至再进行讨论。尽管被叫醒去做这样一个事关生死的决定能够体现一个领导者的重要性和被需要程度，但如果他没有前线的人更了解需要解决的问题，而只能成为延缓流程的"橡皮图章"，那么这种看似即时的汇报与信息传递及这种看上去凸显领导者权威的一锤定音，反而会成为延缓决策的重要瓶颈，导致战机贻误、行动失败。

我们经常说，领导者对决策的控制力通常是与信息的能见度成正比的，情况了解得越多、越详细，决策质量也就越高，所以这也就催生出了各种技术手段来保障信息传递的及时性，进而使得更多的决策问题和相关信息摆在了领导者的面前。但事实上，让领导者获得信息并增强决策控制力这件事，一定要满足两个条件：决策传递的时间成本较低、不顾上级意见最终导致失误的成本比较高。当行动速度太慢所造成的危害更大时（如应对情势多变的探索型场景或时间敏感的危机场景等），让有能力胜任的人自己做决断反而可能造成的风险会更小。而这也是帮助我们划清授权边界的一条非常有效的指导方针。

第二点则是推动团队协作。你可能会问："不是在讲独立要素吗？团队协作又在扮演怎样的角色呢？"我们一直在讲的是要通过领导者的授权让各个细分团队和业务小组从执行者的角色中"解放"出来，能在适当的问题层级上独立于领导者的事无巨细的管控，但绝不是要独立于团队彼此之间的沟通协作，而事实上只有各个细分团队直接分工明确、密切协作、有配合、成网络，才能使授权得来的独立性带来最大限度的价值释放。

如果大家看过《萨利机长》这部电影，就会了解它所讲述的在2009年曾经发生过的一次真实的航空危机，全美航空1549号航班的机长切斯利·萨伦伯格（Chesley Sullenberger）在发动机失效的情况下，成功地在哈得逊河迫降并拯救了155名乘客和机组人员。当时，飞机刚刚从纽约起飞，在距地面高度只有600多米时却遭遇了迁徙的鹅群撞击发动机的事故，在所有的应急预案都只适合飞机处于巡航高度（10倍于当时的高度）且塔台给出的两个迫降机场方案都存在巨大风险的情况下，机长在短短几分钟的时间里掉头、迫降在河面上，且让所有乘客安然脱险。在人们惊讶并赞许萨伦伯格机长冷静、果敢的同时，这样的英雄事迹背后也并非机长一个人的智慧，因为整个机组人员在这场事故中都扮演了独立、协作、相互适应且互帮互助的重要角色：副驾驶配合执行双发停车检查单以便让机长得以专注应对压力；乘务组努力让乘客保持冷静并迅速做好迫降撞击的准备；整个机组人员也在迫降后迅速有序地指示乘客撤离。这些都不是靠机长一个人逐个下达指示来实现的，而这样的团队协作也正是独立要素中的另一个核心动作。

第三点则是营造创新心态。无论是充分授权，还是推动协作，我们的聚焦点往往还是企业日常运营中的具体事务，但一个经常容易被忽略的事实是独立要素实为催生创新的巨大温床，而想要获得意外的创造性收获，自然也需要领导者为团队营造出除专注度、执行力之外的创新心态。我来举个例子你就能明白，这件事远不像随口说说那么简单。

谷歌从创立早期就推行了"20% 时间计划"，允许员工最多花费常规工作时间的20%用于探索那些短期可能没有收益但对公司未来有可能带来巨大机会的项目，在内部有时也会被称为"登月级项目"。所以，这是在走过划清授权边界的阶段，也走过了推动团队协作阶段之后，迈出得更为激进的一步，独立逻辑不仅要用于实现常规工作的要求，更要鼓励一个个自主个体发挥聪明才智，为公司的未来做出贡献。而这样做的成果也是斐然的，从远早于今日头条来做个性化信息分发的谷歌新闻（Google News），到贡献了相当营收比例的相关广告（AdSense），再到人尽皆知的谷歌邮箱（Google Gmail），无一不是从"20%时间计划"中脱胎而出的。所以，当企业领导者还能够把独立逻辑应用于着眼长远的创新之时，我们离更好的用人和管理也就更近了一步。

大数逻辑之同分布要素

在大数定律中，如果各个随机变量只相互独立却没有相同的分布，那放到一起求得的平均值自然就会天差地别，而在企业用人和管理中，光有独立要素的授权也是不够的，作为领导者同样需要让各个被赋能、有自主性的个人与小组能讲同样的语言、能用同样的工具、能上同一个战场、能打同一批敌人。这就是我们要在这里展开的——大数逻辑的同分布要素。而掌握这个要素的关键，在于要做好以下3个方面的"同分布"：

1）目标同分布；
2）能力同分布；

3）资源同分布。

第一个方面是目标同分布。将许多人聚集在一起组成一个团队，总战斗力究竟是远大于还是远低于他们各自的能力之和，这在很大程度上取决于大家的目标是否一致，但说起来简单，实操中很不容易，因为团队目标的"同分布"，不仅意味着团队目标要成为高于个体目标的优先级，还意味着需要破除信息壁垒，让所有核心个体都时刻清楚，自己的工作部分在以怎样的方式影响和推动团队目标。我们不妨来看两个案例。

在2004年，参加雅典奥林匹克运动会的美国男篮，不仅头顶着历史传承下来的"梦之队"光环，更是一支包括了艾弗森、詹姆斯、邓肯、韦德等一众NBA顶级球星在内的精英部队，再加上此前美国男篮在奥运会历史上一共只输过两场比赛，所以人们对这支球队充满了期待。但是个人能力的展现永远不是赢得比赛的关键，想要达到赢得金牌的团队目标，也就意味着这些球星要为之接受新角色、为之设计新战术、为之减少控球权甚至为之坐上板凳席。这才叫目标共享，这才叫团队目标高于个体目标，但如果做不到这一点，这支雅典奥林匹克运动会上的美国男篮"梦六队"也只能接受首战就输给弱旅、最后只拿到铜牌、单届奥运会输掉3场比赛超过历史输球总和等一系列尴尬的结局。

而就算大家都愿意为同一个目标奉献，信息的壁垒也是需要被领导者重点关注的，团队既要低头赶路，也要抬头看天，这样才能时刻知道自己在整体目标中扮演着什么角色、面对哪些瓶颈、需要什么支持。我们都知道20世纪美国和苏联进行太空竞赛的时候，阿姆斯特朗在1969年的成功登月把美国推到了世界第一的位置，但事实上即便在1962年肯尼迪总统公开做出登月承诺的时候，NASA的内部组织形式还是如研究机构般进行各个小组的独立工作，缺少统筹的目标分解与项目管理流程，连NASA的领导者自己在那时都不相信能顺利地把宇航员送到月球上去。所以，他们在1963年聘请了乔治·穆勒（George Mueller），对NASA的行政和管理结构做了一次全面的调整，其中很重要的一项举措就是目标共享。无论是电器、推进、结构等领域专家，还是成百上千个的外部合作伙伴和科研院所，所有核心人员都必须在做自己专业领域事情的同时，对登月计划的整体全貌有实时的了解，而立竿见影的效果就是每个人都知道了自己原来的研究工作对于整体目标的真实价值，重复造轮子的资源浪费被停止，缺乏实际应用场景的理论探索也不再被盲目推进，原来面对的"巨大障碍"也许在跨领域的协作团队中有了更好的方案……所以，这也正是目标同分布的核心价值所在。

第二个方面是能力同分布。因为企业领导者做出充分授权的另一个重要前提是要能够保证拥有自主性的团队和个人都有足够的能力为团队目标做出贡献。我曾经阅读过著名的Gartner公司一份关于职业技能成长的研究，里面通过对一系列岗位的追踪发现，在样本覆盖的4年的时间里，每个职位所需的技能数量会增加到原来的150%，而如果守着原有的技能不放，那么甚至会逐渐退化到连一半的职位要求都满足不了。所以，企业对于自家员工的能力培养是极其重要的，这也让我想起了某个著名的 CEO 与 CFO 的对话。CFO 说："我们把员工都培养得很出色，然后他们都离职了怎么办？"但 CEO 说："那如果不培养他们，然后他们都留下了呢？"当然，尽管能力培训一定是每家企业都投入了大量精力的必备技能，但能做到既有成绩又不浪费大量时间、软硬技能全面覆盖、知识训练即学即用，对企业领导者和人力资源部门来说，不仅是很高的挑战，也是一场持久的修炼和成长。

第三个方面则是资源同分布。当每个业务团队都明确了共享的目标，也获得了持续的人才补给，那么接下来就是要让这些承担不同任务的多个独立团队都能享受到同一个主平台的价值。无论是多个产品线共享一套技术中台的开发工具和组件，或是多个战斗单元共享一套管理规范和训练守则，还是多个业务团队共享一套信息系统和实时数据，都是资源同分布的典型代表和重要价值体现。我们不妨来看一个案例。

我曾经服务过的一家集团型企业，下属有多个二级子公司，业务涉及产业链的多个环节，因此各个子公司也都独立经营，且发展迅速。然而，尽管大家业务不同，但从集团信息部层面统筹，各个子公司都采用了统一规范的、同一套数字化建设标准，不仅让大家能够实时共享与整条产业链相关的重要数据和行业信息，而且在一家子公司成功落地的信息系统也可以快速复制推广到其他兄弟公司，精确而高效。

所以，通过授权把握独立要素还只是第一步，当你还能够从目标、能力和资源3个维度实现"同分布"的时候，我们在用人和管理上的大数逻辑就真的能够有模有样了。

上个台阶

我们详细地梳理了企业用人和管理问题中的大数逻辑，但企业领导者知道，在企业发展的不同阶段，大数逻辑中的各个招式的使用方式和使用频率也一定是不尽相同的。

当企业仅有几个人的规模、属于早期初创阶段的时候，作为团队领导者，你就应该像一个大家长一样，尽管可以有人替你分担，但这种合作关系依旧属于你最紧密的那个"邓巴定律"里，所以你要做的事情就是要亲力亲为地推动业务、拉动增长；而当企业达到几十、上百人规模的时候，独立要素就显得格外重要了，作为团队领导者则应该更加重视合作、机制、流程，把帮助各个小团队提高效率、增强协作作为推动增长的新杠杆；而当企业的规模变得再大的时候，同分布要素则可能就需要常常占据更高的优先级了，因为企业领导者不仅要用更高的目标和更完备的资源来保障一个小巨人的成长，还要把更多的精力放在重大战略决策、寻找新的业务增长点等方面。所以，企业的成长对每个创始人和领导者来说也是一场个人能力不断进化和成长的修行。

划重点

1. 在恰当的场景下，群体是有大智慧的，而作为企业领导者，除了要识人选人，把优秀的人才吸引到组织中来，更要用好人，挖掘和激发出群体的智慧，这样才能实现更好的管理。

2. 如果你希望群体的智慧能如大数定律般不断显现，那就可以通过大数逻辑的两个要素来厘清思路，它们分别是独立要素和同分布要素。

3. 在企业发展的不同阶段，企业领导者不仅要对大数逻辑中的各个招式的使用方式和使用频率有所区隔，也要让个人能力随着组织一起进化和成长。

12

管人：
用工具逻辑看清量化管理方式的长处与短板

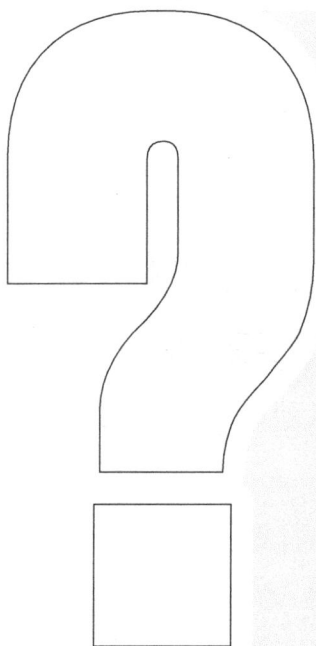

请你带着这些问题阅读：

▷ 用量化管理工具辅助团队管理，如何能既发挥数据能力又避免走向极端？

▷ 高级、复杂的工具俯拾皆是，但真的是越高级、越复杂的工具就越有效吗？

▷ 如何评估很多看似无法被量化的任务呢？

> 　　没有一定的目标，智慧就会丧失；哪儿都是
> 目标，哪儿就都没有目标。
>
> ——蒙田

　　讲到用量化的方法管理团队，我们不妨先从渊源最古老、也最被大家所熟知的流水线管理谈起。20世纪初，随着蒸汽动力和机械技术的发展，一种可以由机械化分工来驱动的、大规模协同作业的生产形式便应运而生，并在1910年由亨利·福特（Henry Ford）率先在自家的汽车工厂中发扬光大。关于福特的例子，除大家耳熟能详的"在汽车发明之前，用户只知道要更快的马"，以及一度占据全球汽车市场超过一半份额的T型车（Model T）之外，还有一件具有历史意义的事，就是福特对整个汽车生产线的精益管理。

　　福特和团队把整个汽车生产装配流程分解成了数千个基本动作，然后把每个动作都分给专门的小组，而这样做的价值是什么呢？第一，动作被分解到最细，也就不再是技术含量很高、需要思考和停留的任务，工人不需要很高的教育程度就能掌握，很多

分离出的非重体力动作也可以由身体条件一般的工人甚至是身体有缺陷的工人来完成，大大降低了用工成本；第二，因为动作变得标准，所以培训也变得规范，每个动作的上岗培训变得简单易学，也非常容易支撑规模的扩张；第三，也是最重要的一点，就是因为每个动作的分解和标准化，使得管理者甚至可以用秒表来计算完成每个动作所需要的时间，然后以此为标准去要求和评估每个工人的效率。这样操作下来，协同效率得到了巨大的提升。有资料记载，当时一个活塞杆的组装可以从28个人每天装配175只，提高到7个人每天装配2600只。这样前所未有的工业流水线实践，甚至和弗雷德里克·湿斯洛·泰勒（Frederick Winslow Taylor）在《科学管理原理》中提出的理论共同奠定了整个20世纪精益管理的基础。

这诚然是伟大的理论，也为推动世界经济的发展带来了巨大的动能，但作为企业管理者，这就是我们理想中的最佳管理手段吗？在2020年下半年的时候，《人物》杂志发布的一篇调查文章《外卖骑手，困在系统里》火遍了各大社交媒体，当追求极致效率的算法工具成了让劳动者无法逃离的系统之时，它在裹挟着人们改变自己行为的同时，又会自我验证地修正算法的边界，从而进一步压缩劳动者的时间，让压力往复传递，直到出现严重的劳动者健康、安全等各种问题。一百多年的时间，尽管从秒表发展到了高级算法，汽车流水线工人发展到了巨头平台上的外卖小哥，但一切的逻辑还是如出一辙：劳动者不是一颗颗不会思考的螺丝钉，效率也不应该是科学管理的唯一目的，当量化管理工具走向了极端，也就自然无法实现企业与员工的双赢。

这还远远不是量化管理工具的全部问题。无穷多的量化指标和方法工具都可以为我们所用，但哪些合适？哪些更好？复杂的工具就一定更高效而简单的工具就一定作用小吗？还有很多并不容易量化的工作内容，是否也应该用指标的方式来进行"科学评估"呢？所以，想要看清量化管理方式的长处与短板，我们需要有能力破除工具偏见、厘清使用边界，并且明确评价标准，这就是工具逻辑，下面我们来了解工具逻辑的三要素公式：

工具逻辑 = 科学性要素 + 适用性要素 + 故事性要素

接下来，让我们围绕这3个要素逐一展开。

工具逻辑之科学性要素

量化管理工具的初衷本就是为了用更客观、更多维度的方式来弥补经验管理中所缺少的科学性，所以对于任何量化管理工具的使用，是否具备科学性、能否保持科学性，都是评价其价值的第一关键要素，这就是我在这里想要着重展开的工具逻辑的科学性要素。关于各种量化管理工具背后的数理逻辑，在其他章节里我们也都或多或少地提及过，这里不再赘述，但关于科学性要素，有以下两个点需要着重强调：

1）不要让数据外衣成为荒谬结论的"保护伞"；

2）不能只关注容易量化的工作内容和指标。

先说第一点，我们不妨先来看一个段子。有人将螃蟹设计成了两个统计分析试验组：在对照组里，冲着一只生龙活虎的螃蟹大吼，螃蟹迅速走开；而在试验组里，切除一只螃蟹的所有蟹腿，冲其大吼，螃蟹一动不动。然后可以重复这个试验成千上万次，得到的结论"惊人地一致"，假设检验得到的P值近乎完美，所以结论是螃蟹的耳朵长在腿上。虽然你一听就知道这是一个玩笑，但这种用看似科学的方法做幌子得到极其荒谬的结论的行为，充斥在我们身边，从什么技能更重要到什么药物最有效，从什么需求是刚需到应该买哪只股票。这让我想起了马克·吐温（Mark Twain）的那句名言："谎言有三种：谎言、该死的谎言和统计数字。"

商业运营和团队管理更是如此。一个必须经过"正态分布"对员工进行考核的业务团队，即便业绩突出也一定要把排在尾部的员工视为"最差员工"吗？一个经过"缜密计算"所呈现出的完美毛利率，也许只是把大量的交叉成本都迁移到了其他费用上面，这是不是更容易掩盖项目团队本身死气沉沉的低效问题呢？用户数量"指数型增长"的完美曲线谁都喜欢，但搞清楚这究竟是靠补贴、靠黏性，还是靠政策带来的增长，是不是比为曲线欢呼要重要得多而且也困难得多呢？和刚才那只螃蟹一样，这些问题无时无刻不在提醒着我们：人类描述世界的能力其实真的非常有限，如果我们不能擦亮双眼，且不说成为解决问题的关键因素，甚至可能会成为制造问题的关键变量。厘清这些看似无穷多的工具和数字背后的本质，比使用它们更重要，因为我们不能忘了英国统计学家乔治·博克斯（George Box）的名言："所有模型都是错的，其中有些是有用的罢了。"

第二点，则是不能只关注容易量化的工作内容和指标。在企业的日常运营中有些工作很容易量化，如销售人员的业绩数字、项目管理人员的交付毛利率、产品运营人员的用户数量和满意度等，但同样也有不少工作只用简单的数字评价并不一定能很好地体现管理的初衷。举例来说，软件开发及软件测试人员的一个重要的工作就是对 Bug 进行及时的处理，但 Bug 数量本身并不是一个很好的评价标准：我们当然希望测试人员在单位时间内能够发现和处理的 Bug 数量越多越好，但如果是因为软件开发质量本身足够高，使得 Bug 数量较少，那不也是一件我们希望看到的事情吗？同样地，我们希望开发人员能够有好的代码规范，做好自测，Bug 数量越少越好，但一个高效的程序员如果比别人多写了一倍的代码，那我们是否要因为他产出的 Bug 数量比较多，反而去惩罚他呢？再看一个例子，几乎每家企业都会有与网络运维、安全相关的人员，而既然他们的工作是"保证企业网络的正常运行"，那么理论上企业网络只要没有出现不正常运行的情况，"0指标"就应该是评价这项工作的标准，但事实真的应该是这样的吗？隐含的风险是什么？优先级如何？可以采取的行动又如何？这些本应该通过量化管理指标来给出的结论，单靠一个"0指标"是远远无法给出的。

很多时候我们为了管理和考核的便利性，往往会倾向于优先考虑那些容易量化的工作任务，而忽视如上面列举的那些看上去量化有些困难但同样对业务发展有极其重要的作用的工作单元。而事实上，我们不仅不能忽视甚至还需要创造性地把这些工作的量化指标定义好。还以上面提到的网络运维、安全为例，除了结果层面的"0指标"，我们是否还可以定义出若干个风险分级来划出层次？是否可以通过对安全隐患事件的处理速度来评价响应能力？是否可以关注企业内部数据安全系统的普及率和使用情况？是否可以关注数据中心的备份情况及最老服务器的服役时间？所以，光有量化管理工具还远远不够，能够分辨工具背后的科学与荒谬，并把它均衡地应用到企业运营中的各个维度，所谓的量化管理才算迈出了第一步。

工具逻辑之适用性要素

即便我们保证了量化管理工具的科学性，在企业管理中使用它的时候还有一个适用性的问题，因为各种指标和工具千差万别，不一定每个量化工具都适合自己企业的管理与运营。

曾经有这么一张量化工具图，描述地是随着人生的成长，在学校期间从计数和运算开始，逐渐学到了高等微积分等各种高级量化理论，数学水平的曲线一路走高，直到开始工作，所需要的能力就又直接坠落到电子表格了（见图12-1）。当然，没有前半段曲线的训练和积累，也许连做这份工作的资质都不容易获得，但这张图带给我们的更大价值在于学习的是工具，解决的是问题，管它是核弹还是板砖，能解决问题的就都是好工具。而且，往往越是简单、基础的逻辑，越是出奇地有效，不仅技术逻辑如此，商业逻辑亦然：那些成功的企业在起步阶段，多半也都是"一个明确问题＋乱拳打死老师傅"的套路；那些出色的投资者也不都是技术专家，反而是对看人、看团队、看方向这些基本问题有着敏锐的直觉和判断；团队管理也是如此，高端的工具未必更科学，复杂的方法也未必更有效，找到那个适合自己的才最重要。而要讲合适，则既需要有时间维度的合适，也需要有价值层面的合适，下面我们分别来讲一讲。

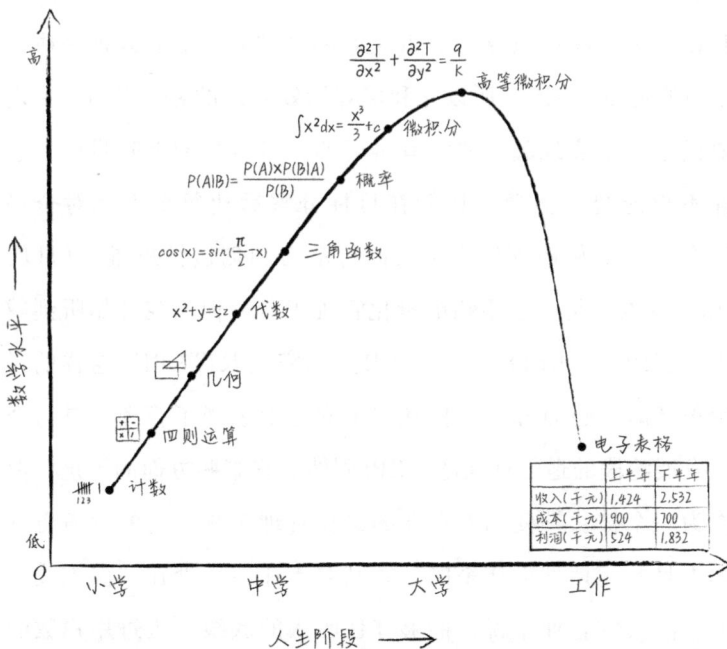

图 12-1　一张量化工具图

　　所谓时间维度的合适，是指要把量化管理工具与企业当前的发展阶段相结合，如果只是简单地照搬成功企业的模式，往往都会落得个南橘北枳的结果。就好比对一个千人级的企业来说，也许打卡和工时统计都是很有效的量化管理工具，但是如果把它复制到一个只有十来个人的初创团队，那么这些团队成员很可能会认为，这是对他们自我驱动力的一种极大的不信任。

　　大家也许都听说过一种叫作"OKR"（Objectives and Key Results，目标与关键成果法）的管理工具，发明于英特尔，发扬光大于谷歌，引入我国后也被字节跳动、华为等企业使用和推广。我在谷歌工作的时候也全程经历过OKR的管理，收益良多。简单地说，OKR关心的是"如何更有效地完成一个有野心的项目"，所以它和保守绩效底线的KPI不同，一定要设定一个实现起来非常有难度的、可量化的上限目标，这样不仅能统一愿景，还能在目标分解后让每个人都对全局目标负责，从而催生出更大的行动力和创造性思维。所以，OKR应该算是一个不错的量化管理工具。但当我开始听到越来越多的如"KPI已死""OKR应该完全取代KPI"这样的讨论声音时，也就知道人们在这个问题上忽视了管理工具与企业发展阶段的适配性问题。KPI固然有它某些方面的不足，但作为一个被长期使用并存在的量化管理工具，它的价值也远远不是一句话就能抹杀的，尤其对于那些还处在"温饱线以下"阶段的企业来说，能够守住收入的底线、迈过用户数的最低门槛，在当下这个时点也许远比发挥自驱力、激发创造性来得实在，而像KPI这种"不成功便成仁"般的底线式量化管理工具，往往也会在处于早期阶段的企业中更多地被使用。所以，企业的每个阶段都有每个阶段的特点，没有什么工具是永恒的，有效的工具才是最重要的。

量化管理工具还需要价值层面的适配。不妨引用著名社会学家、有着"社会学三大奠基人之一"之称的马克斯·韦伯（Max Weber）的合理性理论来稍做展开。韦伯将合理性分为目的合理性与价值合理性，前者追求效率的最大化，可评估、能比较，就像开篇我们提到的福特公司流水线上的每个动作都被分解好的工人，以及算法眼中只有点到点价值的快递员一样；后者会融合情感、道德、信仰等多种因素，让每个人不同于机器，因而产生出责任、荣誉、牺牲、忠诚和奉献。所以，量化管理工具虽然因它的科学性和客观性而充满价值，但我们决不能仅仅停留在目的合理性上，只有当我们真的能为自己的价值观奋不顾身的时候，量化管理工具才算是完成了价值适配的飞跃，这也是我们人类区别于冰冷的机器最独一无二的美德。

工具逻辑之故事性要素

事实上，马克·吐温先生的那句"谎言有三种：谎言、该死的谎言和统计数字"，不仅强调了量化管理工具的科学性，也告诉了我们另外一个非常重要的逻辑：即便是同样的分析结果，用不同的方式解读，有可能带来完全不同甚至截然相反的结论。这其实是一件非常危险的事情，因为量化分析结果的解读者，有时甚至能比分析者带来更大的决策影响。我在 Google Fi 负责搭建商业分析部的时候，老板就曾经跟我说过一句话："曦，同样的业务表现数字，你的解读方式会决定我一整天的心情。"所以，在使用数据驱动的量化管理工具时，除我们前面提到的科学性要素和适用性要素之外，还有一点格外重要，被称为"故事性要素"。

大家不要误会，这里所谓"故事性"，绝不是说要凭空编造什么虚假和荒谬的段子出来，而是说对于量化结果的解读不能只围绕数字做单点发力，必须从全局目标的故事线角度去描述出完整的逻辑链条，这样才有意义。以电商平台用户数量增长为例，就好像我们可以说，当前用户数量的增速是理想的；也可以说这个增速更多的是由于价格补贴带来的，所以并不健康；同样还可以说，我们比竞争对手补贴时候的用户增速快得多，所以我们的"烧钱"更有效率……如此往复循环，我们可以不断得到看上去都很正确但其实并不能指导实际决策动作的结论，所以单点的分析工作虽然做了，可如果不做全局的解读，也许还不如不做。这虽然听起来不难理解，却并不是一件容易做到的事情，因为我们人类的心理习惯决定了有 3 种容易出现的行为偏差会让我们不自觉地倾向于聚焦单点而忽视全局，这 3 种行为偏差分别是期待式偏差、陌生式偏差、群体式偏差。

所谓期待式偏差是指当我们对某个结果抱有极大的期待时，会更倾向于优先捕捉支持这个结果的信号，从而放大它的优势。这就好比当人们期待最新设计的算法可以比以前更好地描述快递员的配送时间和交通阻碍的时候，你也一定会更容易相信快递员的工作状态会因此比以前变得更好，也就更容易因此而忽视快递员在这套机制下的身心健康和个人安全等效率之外的问题。陌生式偏差则正好相反，当我们对某个陌生事物缺乏理解的时候，会更倾向于放大它的风险和危害，从而引起另一种过分聚焦。举个例子，如果一个管理者多年都在通过考勤打卡制度进行人员管理，那么即便有人给他讲解不打卡的各种好处，相信他都不大可能会立刻改变当下的管理方式。而群体式偏差则更为常见，因为当很多人都在用同一个方式做解读、得出相似结论的时候，我们便需要花费更大的力气才能跳出来用不同的视角看问题。就好像当人们一个接一个地告诉你"OKR是一种好工具，KPI已经是落后的量化管理工具了"的时候，你是不是也会高度重视，并认真地去研究研究这个工具呢？

所以，只对量化结果做单点解读往往会出问题，而想要从全局视角去看到故事全貌，一种常用的方法就是多问几个"所以呢"（So what）。还以电商平台用户数量增长为例，如果用户数量的增速理想，所以呢——我们是否可以什么干预都不做？如果是因为补贴才带来用户数量的增加，所以呢——我们什么时候可以停止补贴？如果我们的补贴效果比竞争对手的好，所以呢——我们在停止补贴之后用户增速还会继续有优势吗？这种"So what"类型的问题，通常也是把分析结果映射到下一步行动的问题，能够立刻帮助我们对分析结果的可行性有一个认知。而当你把所有能够指导行动的分析结果组合在一起时，他们不仅能够相互交叉验证，更能帮助我们拼接出一个更接近真相的、完整的故事逻辑。

上个台阶

说到底，量化管理工具不管多科学也无论多适用，哪怕角度再客观、故事再完整，它终究只是一种工具，因此也就必然像所有其他工具一样具有局限性。而恰恰因为量化管理工具看上去有门槛、很新鲜，用好了也可以很强大，我们更要保持清醒，克制住对量化管理工具的盲目信任。

量化管理工具是为人们所使用的，而不是把人们当作工具来管理的，所以就算你只是庞大配送群体中的一颗螺丝钉，也永远配得上远比算法眼中一个变量重要得多的关爱和尊重；量化管理工具也不是越复杂越管用、越高端越有效，如果只是抱着工具找场景，就好像拿着锤子找钉子，虽然看上去什么都像钉子，但锤了一圈后只能感叹：模型太多，算法太快，不知道背负了谁的债，也看不清错过了谁的爱。

划重点

1. 想要看清量化管理工具的长处与短板，我们需要有能力破除工具偏见、厘清使用边界，并且明确评价标准。

2. 如果你正在面对量化管理工具的使用问题，你可以通过工具逻辑的3个要素来厘清思路，它们分别是科学性要素、适用性要素和故事性要素。

3. 量化管理工具是为人们所使用的，而不是把人们当作工具来管理的。它终究只是一种工具，因此也就必然像所有其他工具一样具有局限性。

第四部分

方向与未来

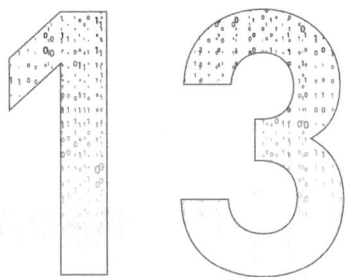

13

选择赛道：

成为大江中的大鱼，
你得学会先验逻辑

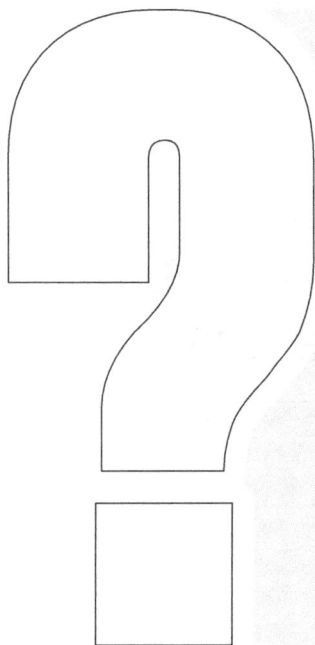

请你带着这些问题阅读：

▷ 我们如何通过数据思维，理解"大江大河有大鱼"背后的逻辑，并指导大家对赛道进行选择？

▷ 如何理解并分析赛道的宽度、长度和坡度？我们怎样才能成为赛道中不可替代的力量？

▷ 我们如何才能更好地把握赛道的进化方向？

> 如果你想造一艘船，不要老催人去采木，忙着分配工作和发号施令，而是要激起他们对浩瀚无垠的大海的向往。
>
> ——《小王子》

我非常喜欢圣·埃克苏佩里（Antoine de Saint-Exupéry）在《小王子》书中的这段话。的确，如果只是要到小溪边上走走，那么也许不会有人为了造船而奋斗，而只有在面向浩瀚无垠的大海时，造船这件事才会被人们当成一份事业。企业经营也是如此，我们常常说"大江大河有大鱼"，而所有那些为了挖掘目标用户、探索商业模式、协同产业链上下游而做出的努力，本质上都是要找到那个适合自己并且具有"大江大河"属性的赛道。赛道的这个属性到底有多重要？市场规模足够大就是好赛道吗？好赛道应该具备的要素有哪些？好赛道又有怎样的分析方法？这就是我们本章要讲解的数据思维的先验逻辑。

既然如此，我们不妨先从"先验"两个字说起。在统计学中有一套叫作"贝叶斯定理"的著名理论，说的是当我们对一个不确定事件或参数进行估计的时候，首先要给出一个与随机抽样或试验结果无关的并根据其他现有知识而得到的分布，然后再基于此，利用收集来的新信息，用归纳推理的方式不断更新我们对这个不确定事件或参数的估计。这个在试验之前给出的分布就是所谓"先验分布"，我们可以用一个简单的公式（贝叶斯公式）来表述：

$$P(A \mid B) = P(A) \times \frac{P(B \mid A)}{P(B)}$$

其中，等式左边的 $P(A \mid B)$ 代表着在观测到事件 B 的条件下，事件 A 发生的概率，而等式右边的先验分布 $P(A)$，则是在获得观测信息之前，对事件 A 的先验概率分布。很显然，学习这个公式并不是我们介绍先验逻辑的目的，我们想要做的是通过这个公式直观地看到先验分布的两个重要属性：先验分布是分析的起点、推断的基准，也是迭代的靶子；先验分布可以在很大程度上影响最终判断的数量级，是决定分析结果的核心因素。记住这两个属性，你便已经掌握了理解先验逻辑的基本能力。而事实上，对赛道的选择，本身就是驱动甚至决定企业获得商业成功的最重要的先验逻辑。

我们可能大都听说过雷军说过的那句"站在台风口，猪都能飞上天"，但他说这句话时的背景未必如这句话那般家喻户晓。雷老板曾经带领他的第一家公司，也是他奉献了 16 年青春岁月的金山公司在香港成功上市，但在那之后他选择退出公司，并开始反思自我。雷军在后来曾说道："离开金山公司时我最大的感受就是大势很重要，要顺势而为，金山公司就像是在盐碱地里种草，我为什么不去风口放风筝呢？站在台风口，猪都能飞上天。"所以，同样是上市公司，金山公司经过近20年的发展，2007年上市当日收盘市值6.4亿港元，而当雷老板二度创业，建立了在风口赛道之上的小米时，只用了8年时间就成功走到IPO（首次公开募股），而且上市当日的收盘市值已经超过了3000亿港元。所以，赛道的选择决定了我们到底是在盐碱地里种草，还是做"大江大河中的大鱼"？那么，它背后的逻辑是什么呢？

如果我们回到前面所讲的公式中，把事件A定义成企业取得商业成功（如成功IPO上市、市场占有率达到××%等），把事件B定义成企业发展过程中的某个重大事件（如成功完成第××轮融资、推出了××新产品、竞争对手采取了××策略等），那么这个条件概率本质上反映的就是我们在每次观测到企业的新事件或企业进入新的发展阶段时，对它取得商业成功进行评估的逻辑过程。但是，等式右边的先验分布P（A）则时刻在提醒我们，它是在当下赛道取得成功的先验概率，换句话说，它和所有新观测到的事件没有任何关系。所以，对于本就"九死一生"的创业者来说，这个注定数值很小的先验概率不仅决定了最终结果的数量级，而且它的每一点提升都会显著提高企业取得商业成功的概率。此时能够对它的数值进行影响的就只有赛道本身了，所以赛道的选择所改变的正是企业取得商业成功概率的先验分布。这，就是它背后的逻辑。

因此，如果你正在面对赛道选择的问题——无论是对老赛道的机会判断，还是对新赛道的特征分析——你都可以通过先验逻辑来厘清思路，并找到对策。那么，我们又要如何掌握先验逻辑的思考方式呢？下面我们来了解先验逻辑的三要素公式：

先验逻辑 = 宽度要素 + 难度要素 + 经验要素

接下来，让我们围绕这3个要素逐一展开。

先验逻辑之宽度要素

对先验逻辑有直接影响的第一个要素就是赛道的宽度，或者称它为"先验宽度"，所谓风口也好，大江大河也罢，其中的要点之一都是在讲要保证赛道足够宽阔，因为它在很大程度上决定了商业天花板的高低。这样说比较抽象，我们不妨先来看两个案例。

第一个案例是一道选择题。试想有一名中国男性但你并不认识他，他的性格特征被描述成"非常害羞，喜欢自己待着，干净整洁，对细节非常关注，愿意帮助他人，不喜欢主动参与社交活动"，你觉得以下几个职业选项中，他最可能从事的职业是什么？

A.农民　B.飞行员　C.摄影师　D.图书管理员　E.作家

你会选择哪一个选项呢？这是一道经常在MBA/EMBA（工商管理硕士/高级管理人员工商管理硕士）课堂上出现的选择题，而人们最常见也最直观的思考方式，是去看选项中的哪一个职业人群更可能具有上面描述的性格特征，所以有的人冲着"非常害羞"选择了图书管理员；有的人冲着"对细节非常关注"选择了飞行员或摄影师；也有的人冲着"不喜欢主动参与社交活动"选择了作家。但如果我们用先验逻辑来思考呢？我们的问题是在给定性格特征的条件下寻找概率最大的职业，也就是P（职业 | 性格特征），但上面的思路所描述的，恰好反了过来，我们要寻找的是在给定职业的条件下具备相应性格特征的概率最大，也就是P（性格特征 | 职业）。先验逻辑告诉我们，还有一个重要的先验分布，也就是每一个职业的先验概率对最终的分析结果起着决定性的作用：以最新的人口普查为例，我国农村人口占比应该在35%~40%之间，虽然我也不确定农业人口在农村人口中的精确比例，但选项中其他每种职业的从业人数，我相信和农民数量的差距应该不止一个数量级，所以尽管每种职业中具备特定性格的人一定会有区别，但很可能都不足以颠覆先验分布所带来的巨大差距，因此这道选择题的最佳答案恰恰就是A（农民）。

第二个案例，我们不妨来设想这样一个场景。假如有一场致死率极高的流行病开始爆发，人群的感染比例达到了十万分之一，同时你接受了一个准确率高达95%的病毒检测，得到了一个阳性结果，请问剧情到此，是不是基本宣判你已确定感染该病毒了呢？其实不然。用一个不是最精确但是很简单的方法来说明一下：以你为中心召集10万人，从概率上来讲这里面应该只有一个人是真正的感染者。但是让这10万人都接受这个准确率高达95%（所以不准确率也高达5%）的病毒检测，那么会有大约5000人得到阳性结果，所以，你依然只有大约0.0002（万分之二）的感染可能，虽然这个感染比例已经比最初的十万分之一的感染比例提高了20倍，但也不是那么容易就会被感染的。

如果你会使用开篇介绍的贝叶斯公式，那么这个精确的概率应该是0.0001896（万分之1.896）。究其原因，很多人会被那95%的高精度试验所迷惑，而实际上，我们需要的并不是这个条件概率。95%是在你真的已经感染的前提下，病毒检测告诉你阳性的概率，但我们真正关心的，是在病毒检测告诉你阳性的前提下，你真的已经感染的概率只有0.0001896，而决定这个数值依旧还不算世界末日的本质，就是最初的十万分之一的先验概率，整体的感染概率摆在那里，就算新信息不太乐观，但希望依旧存在。

所以，这两个案例从不同方向说明了先验宽度的重要性。第一个案例中的农民选项拥有最大的先验宽度，所以它甚至能帮助你在面对职业判断时不受性格的影响；而第二个案例中流行病的先验宽度则是另一个极端，可以让我们在比较精确的测试结果面前依旧保持冷静，勇敢迎接新的病毒检测。这就是先验宽度的重要性，而在商业世界里更是如此。

说到赛道，顾名思义，一定是既有边界，又有规则的，所以商业世界的赛道概念，不仅包含了市场规模和商业模式，也包含了政策、消费习惯、产品创新及技术进步等多个因素。那究竟如何判断一个赛道的先验宽度呢？除市场体量规模之外，另一个不可忽视的重要维度是产业链的完整性。

我们不妨来看看苹果公司在赛道选择上的教科书般的操作。我是乔布斯的忠实听众，也一直关注着蒂姆·库克（Tim Cook）在过去10年的操盘。很多人说苹果公司的发布会越来越不值得作为科技"春晚"来期待了，而且批评库克在后乔布斯时代只会吃老本、只做改良式创新，但事实上，发生变化的并不是苹果公司失去了如钢铁侠般的颠覆式创新能力，而是其对赛道的选择发生了悄然的变化。

在库克接手苹果公司的时候，iPhone、Mac 和 iPad 三驾马车的营收占比能达到超85%的数量级，而服务/穿戴/居家配件加在一起连15%都不到；但到今天，这两组数字已经悄然变成了大约65%和35%的比例，重磅新品被产品生态圈所取代，"服务"变成了关键词，如果你不拥抱这种变化，不能调整对苹果公司业务组合的理解，看发布会时就会遇到如挤牙膏一般的痛苦。而事实上，在过去10年，软硬件结合的科技服务生态体系越来越健全，苹果公司在这个市场所能整合和借力的产业链完整度得到了大幅的提升，所以和原来所专注的硬件设备赛道相比，这就是一条具有更大先验宽度的新赛道，这也是为什么在过去10年的时间里，我们能在缺少如乔布斯推出第一代 iPhone 那样的划时代新硬件产品的同时，依然还能看到苹果公司的市值从不足4000亿美元成长到近25 000亿美元的震撼曲线。另外，我们只看iPhone这个爆款单品的营收占比，10年前是47%，10年后依然接近50%，如果苹果公司的创新真的已经停滞，那么挑剔的"果粉"是不可能忍上10年还为苹果贡献这么美丽而持续的营收数据的。所以，这是赛道先验宽度带来的红利，而绝不是创新能力的下降。

同样的产业链完整性在我国的工业体系中存在并成熟着。以2020年的GDP数字为例，包含了制造业、采矿业及电力、燃气、水的生产和供应业在内的工业体系，占全国GDP的比重超过30%，这本身就是一个体量庞大的市场。那时，我国有41个工业大类，207个工业中类，666个工业小类，我们是世界上唯一一个拥有联合国产业分类中全部工业门类的国家。这样的网络复杂度，不仅极大地拉宽了整个工业赛道的先验宽度，也奠定了我国推进工业互联网建设的基础。与此同时，由于工业也是我国总体能源消耗碳排放的主要来源之一，于是产业结构调整、能源结构优化、工厂节能减排等需求，都变成了工业产业链中的新维度，因此也带来了巨大的机会窗口和想象空间。

所以，当你看到工业和信息化部在2018年印发了《工业互联网发展行动计划（2018—2020年）》、2019年国家发布《工业大数据白皮书（2019版）》、2020年提出"碳达峰、碳中和"的蓝图目标、2020年国务院国资委下发《关于加快推进国有企业数字化转型工作的通知》、2021年"十四五"规划中独立一章专门讲述深入实施制造强国战略和推动制造业高质量发展等一系列政策目标的时候，也就会充分理解，这样一个本就有着巨大先验宽度、完整产业链、巨大协同空间的市场，必然是国之根基，也必将在多个维度催生出巨大的创新和变革。

先验逻辑之难度要素

赛道宽度的确是先验逻辑中最重要的要素，它保证能承载足够的玩家、能支撑完整的产业链协同、能容得下某企业成长为新的巨头，但光有宽度还不足以帮助我们完整地描述在赛道中获得商业成功的全部特征，因为赛道的难度要素同样至关重要。

就像一条真实的赛道一样，如果你是身在其中的赛车手，除关心身旁能容下几辆车并排而行、有多大的超越空间等由赛道宽度决定的问题之外，还需要了解有没有急坡/缓坡，以及要跑多久才能最终撞线。同样地，所谓赛道的难度要素，我们也可以把它拆解为两个部分："先验坡度"和"先验长度"。赛道的坡度特指这条商业赛道的场景复杂度和入局门槛高低，它既是入局难度的体现，也是现存玩家"护城河"高低的标尺；而赛道的长度则特指在这条赛道上能够获得商业价值的周期长度，这究竟是一件值得做上十几年甚至几十年的事业，还是几个月、几年时间就随风逝去的短暂价值窗口，同样决定了每家企业在赛道中获得商业成功的先验分布。

　　根据"先验坡度"的高低和"先验长度"的大小，我们用这样一个2×2的四象限分类方法来归纳一下赛道的难度（见图13-1）：

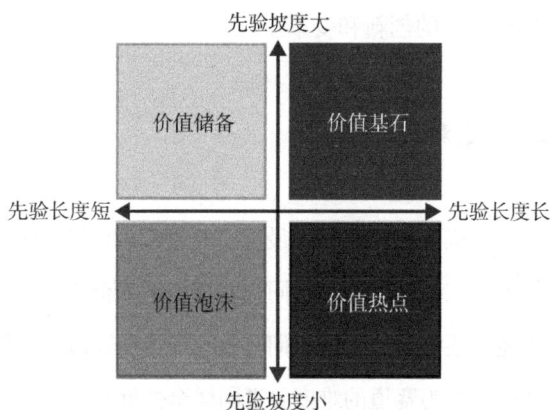

图13-1　赛道难度的四象限分类方法

　　我们逐一来看一下。又长又陡的赛道，意味着价值周期长且竞争门槛高，所以不仅适宜做长期、大量的投入，而且应运而生的商业形态也往往会成为支柱型产业，如高端芯片、新能源汽车、无人驾驶汽车、智能商业决策、云服务、生物医药等，从赛道而非个体企业的高度来看，它们各自的"先验坡度"和"先验长度"都足够大，所以"欲戴王冠必承其重"，这个象限被称为"价值基石"。

　　只长不陡和只陡不长的赛道，都在某一个维度表现突出，但在另一个维度缺少一些优势，所以分别称其为"价值热点"和"价值储备"。在那些价值周期长但门槛和壁垒偏低的赛道中，往往竞争激烈，企业很多时候需要在资本的推动下迅速占据领先位置，这样才能在较长的价值周期中分得一杯羹。在"先验宽度"足够的情况下，这样的赛道依然能孵化出巨头玩家，好比当下的短视频赛道、共享经济赛道等，它们一定会在相当长的一段时间内给出持久的价值输出，但壁垒优势的不足，也会反过来促使市场的力量来推动价值创新。

类似地，"价值储备"赛道则是另一个反面，入局壁垒高、技术难度大，但在当下也许还没有很好的长期价值点，这就非常像很多前沿的技术研究领域，在等待和培育尚未成熟的商业市场。举个例子，"人造肉"的概念从20世纪中叶便早已被提出，但一直到21世纪，我们才开始看到一点点商业化的新进展。没错，更安全的食物来源、更可控的能量摄入及更少的传统养殖业对环境的破坏，每一条都是"人造肉"的潜在价值。但我们也能够看到"人造肉"是肉制品的一个重要补充品类，因而要打破小众圈层难度一定不小；它需要较高的技术含量，而技术研发门槛也决定了早期市场化应有的缓慢；"人造肉"应该让人们吃出足够的美味和幸福感，所以品质与价格背后的生产和高质量供应链更不是空谈。也许有一天这个赛道会从"价值储备"变成"价值基石"，但这些理论上的长期价值距离变成消费者饭桌上的刚需，看上去依然路漫漫其修远。

最后一个象限，即那些既不长又不陡的赛道，往往也需要引起我们的重视。入局门槛偏低决定了玩家进入赛道并不是一件困难的事情，而价值周期偏短的特性又决定了追逐短期收益的功利心态会变得普遍，所以这种类型的赛道往往面对的是一个过渡性或短期红利性的市场，玩家没有打磨优质产品和服务的心态，反而是用户在承担着市场和政策波动所带来的风险，这样的赛道并不健康，这也是为什么其被称为"价值泡沫"。

当然，细心的你可能已经发现，我在谈坡度和长度的时候，从来没有单纯地用技术能力来定义它们的高低长短，因为作为一名数据技术背景出身又做了多年企业服务的实践者，不得不老生常谈的是唯技术论在商业赛道上通常是没有出路的，而落地场景才是至关重要的评判尺度。我们总能听到某某颠覆性的技术如何定义了一条新的赛道的说法，但回望历史，屡见不鲜的尽是拿着顶级技术而放不下身段深挖场景的例子。大数据也好，人工智能也罢，技术再好，到最后交不出商业化的成绩单，如同体育场上"天赋无法兑现"一样，最终什么样的赛道也跑不出来。所以，判断赛道的坡度和长度，还需要从刚需入手，这样"新机会"才能成为"真机会"。

先验逻辑之经验要素

除了赛道的宽度要素，以及包含了坡度与长度的赛道难度要素，还有一件事会直接影响在某个赛道中取得商业成功的先验分布，其被称为"经验要素"。每当为了进入一个新赛道而进行选择或判断的时候，无论企业规模大小，其都在面临一次新的创业机遇，所以这里的经验，不仅是指行业、管理、资本等某一个细分领域的经验，还特指创业经验。

　　我曾经参加过一个讨论，话题是"创业经验或高管经验，哪个更为创始人加分"我认为在同等条件下，创业经验更为创始人加分。当然首先必须声明，所谓"加分"，一定不是谁更优秀/谁更有能力/谁更接地气这种讨论，我也有很多极其出色且我非常尊重的高管朋友，我自己在创业之前也在行业巨头企业有过多年的管理经历，所以这里的"加分"，是指在创业这场又土又苦的游戏里，谁更能在赛道中活下来并且乐在其中罢了。

　　但想要乐在这场很"土"的游戏里，企业管理者首先要熟悉这场游戏。虽然管理者每天都在为一个伟大的愿景而奋斗，但在进入赛道的初期，他的眼前是一幅满目疮痍的破烂景象，一切都大不过"活下去"这件事。他或许还没有自主品牌，招人都要"十顾茅庐"；他或许还没有完整的团队，更不用提人才培养机制了；他或许还没有产品原型，可能押上了公司 80% 的资源，能去验证的也只是未来想覆盖的几十个场景中的 0.1 个。所以，这就像一场绝地求生的游戏，各类游戏高手也许都能有各自的拿手好戏，但创业经验就如同天天泡在这个游戏里不断摸索出的门道，就算你只是青铜起步，时间长了也有机会把先验概率提高，从而"活"到最后。

　　同时，要乐在这场很"苦"的游戏里，企业管理者还得喜欢这场游戏。一个创始人经历过的成长，不管有没有天降大任，但真的像孟子所说："故天将降大任于是人也，必先苦其心志，劳其筋骨，饿其体肤，空乏其身，行拂乱其所为，所以动心忍性，曾益其所不能。"每段认真的创业经历都一定是如同掉一层皮的蜕变，亲测有效。所以有创业经验的创始人，也一定是那些脱过一层皮之后还愿意再走一遭的，这一定是真爱。

总而言之，进入一个新赛道并获得成功，并非看上去那么容易，它是一场又土又苦的创业历程，即便是又宽又陡又有长度的赛道，也一定是非癫狂和追求极致者慎入的地方。所以，你若是一位有创业经验的创始人，则不仅很熟悉这场游戏，还一定是真心喜欢，也就更能在赛道中拥有赢在起跑线上的先验分布。

上个台阶

前面我们一直在讲解的是选择新赛道时的先验逻辑，而事实上，对于企业当前所处的、正在深耕的成熟赛道，先验逻辑同样可以帮助我们对另一个重要的不确定性因素做出判断，那就是赛道的进化方向。

赛道永远不是静止的，它会受政策、国际环境、自然灾害等外部事件的影响出现动荡式的变化，也会出现渐进式的变化。我们在第7章讲解抵御风险的柔性逻辑时，曾详细介绍了如何更好地应对如危机般的不确定性，而我们在面对渐进式的不确定性的时候，也可以基于现有的经验和知识，对不确定性市场的未来给出先验估计，从而以此为标靶，用归纳推理的方式不断吸纳新的信息和观测，从而越来越好地提升对赛道进化的理解。

举个例子，中国的宠物市场和欧美国家相比起步比较晚，在2000年之初也还只处于萌芽和探索期，但在过去10年，随着人口结构的变化、消费观念的改变及收入水平的提升，我们已经能够清晰地看到一个赛道的出现，因为全生命周期的产业链布局已经开始发生。所以在这个时候，用我们的先验逻辑去看这个赛道的每个维度，无论是价值端的宠物食品、用品、医疗、服务，还是渠道端的线上、线下、全渠道，抑或是地域端的一、二、三、四、五线城市，我们也都能分别给出对未来趋势变化的先验估计，从而成为新信息迭代的坚实基础。

划重点

1. 先验分布是分析的起点，是推断的基准，也是迭代的靶子。而且，先验分布可以在很大程度上影响最终判断的数量级，是决定分析结果的核心因素。而事实上，对赛道的选择，本身就是驱动甚至决定企业获得商业成功最重要的先验逻辑。

2. 如果你正在面对赛道选择的问题——无论是对老赛道的
   机会判断，还是对新赛道的特征分析——你都可以通过
   先验逻辑的3个要素来厘清思路，并找到对策。这3个要
   素分别是宽度要素、难度要素和经验要素。

3. 面对赛道的渐进式变化，我们也可以基于现有经验和知
   识，对不确定性市场的未来给出先验估计，从而以此为
   标靶，越来越好地提升对赛道进化的理解。

14

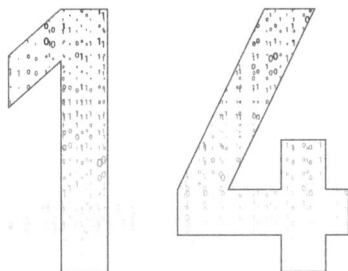

用数据驱动创新：

找到新的业务增值点，
你得探索回收逻辑

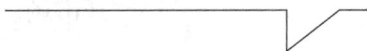

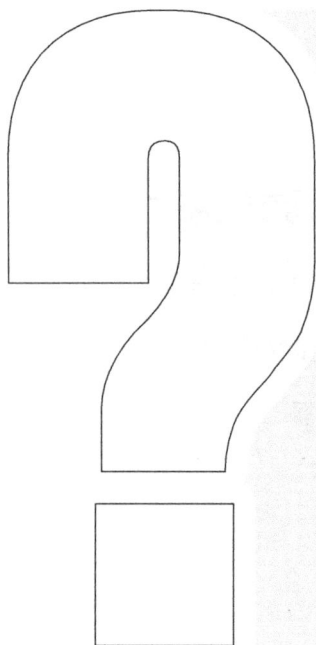

请你带着这些问题阅读:

▷ 为什么我们常常一边积累海量的数据,一边又为如何产生更大的数据价值犯愁?

▷ 业务产生的大量数据,除了帮助你打开市场、精细运营、管理团队,还能做些什么?

▷ 有哪些方法可以通过数据找到新的增值点?

> 经营的最终目的不是利益，而只是将寄托在我们肩上的大众的希望通过数字表现出来，完成我们对社会的义务。
>
> ——松下幸之助

我们已经用了很多的篇幅来讨论数据和数据思维如何帮助企业管理者赢得市场、精细运营、抵御风险、管理团队，但这些讨论的重点，大部分都是聚焦在企业当前的核心业务之上的。这就是为什么我们要在本书的最后一个部分谈一谈方向与未来，这也是为什么我们在第13章着重讨论了新赛道的选择和评估，这更是为什么我要在这一章着重讲一讲由数据本身可以催生出的新业务和新方向。这是大数据时代带给每家企业的一份特殊的红利，数据本身不仅可以构建分析能力、提升运营水平，还可以在特定的场景下成为贡献新价值的生产要素。

在展开理论分析之前，我还是想邀请大家一起来看一个例子：美国海洋学家马修·方丹·莫里（Matthew Fontaine Maury）绘制大西洋、太平洋、印度洋的海风和海流图的故事。这也许是人类历史上最早使用大数据的案例之一了，非常精彩。而英国的两位作家舍恩伯格和库克耶也曾在他们的专著《大数据时代》中对这个案例做过详细的描述，我们不妨一起来重温一下。

　　1806年出生的莫里，曾是美国海军军官，并在24岁就参与完成过环球航行，但后来因为腿部受伤留下残疾，于是只好退出海上工作，美国海军把他安排进了办公室，并任命他为图表和仪器厂的负责人，而也正是在这里，莫里开启了他改变世界的壮举。当莫里还是一个海军军官学校的学生时，他总会向老船长学习潮汐、风和洋流的知识，但他发现海军反而很多时候还在依赖陈旧的图表航行，舰长很多时候抱着"走熟悉的路线比冒险走一条不熟悉的路线要好得多"的心态在海上绕弯。所以，当莫里在图表和仪器厂发现了大量以前的海军舰长写的航海日志时，里面对于特定日期、特定地点的风、水和天气情况的详细记录，便成了莫里脑海中一个大胆想法的大数据基础。

　　于是，莫里和其他20个人一起，把这些破损的航海日志里记录的信息绘制成了表格，并在整合了数据之后，把整个大西洋按经纬度划分成了5块，按月份标出了温度、风速和风向，因为这些数据会随时间的变化而变化。通过分析这些数据，莫里知道了哪些良好的天然航线利于航行，他所绘制的图表在很多时候能让航海路程减少三分之一，所以受到了巨大的欢迎。一个船长曾感激地说："我在得到你的图表之前都是在盲目地航行，你的图表真的指引了我。"而当一些人拒绝使用这个新制的图表，然后因为使用旧方法航行到半路意外出了事故或花费更长的航行时间时，他们也便成了证明莫里系统实用性价值的绝佳反例。

　　这还不够，莫里还做了第二件事。舰长的航海日志所能提供的数据终究有限，想要让这份航海图表覆盖更多、更精细的位置并不断更新，光靠他一个人的力量还远远不够，所以他创建了一个标准的表格来记录航海数据，不仅要求美国的海军军舰都使用它，然后在返航的时候填好并提交，而且还鼓励商船们加入，用他们的航海日志来换取莫里的航海图表的使用权。这样一来，不仅数据量被大大地增加了，而且还形成了一个如社交网络般"人人为我、我为人人"的价值链条，大家都在为航海图表的精细化、标准化贡献着力量，不仅从中受益，而且还乐在其中。当莫里的权威著作《关于海洋的物理地理学》（*The Physical Geography of the Sea*）于1855年出版的时候，他已经绘制了120万个数据点了。

　　而更重要的是，莫里的这套方法体系还得到了推广。前面说到的用来记录航海数据的标准表格，用我们今天的大数据语言来讲叫作"数据基表"，沿用这套逻辑，他又得以收集数据并绘制了一幅海洋深度分布图，为第一根横越大西洋的海底电缆的铺设创造了条件，也奠定了基础；他的方法甚至被推广应用到了天文学领域，1846年当海王星被发现的时候，莫里把之前人们错把海王星当成恒星时的数据都汇集了起来，从而画出海王星的运行轨迹……也正是由于这些伟大的成就，直到今天在安纳波利斯的美国海军学院，依然矗立着一座以他的名字命名的"莫里纪念馆"。

所以，从绘制航线的数据二次利用，到众人拾柴的"航线数据平台"的形成，再到推广于其他场景的通用工具，一份航海日志的大数据，被莫里赋予了3种价值，这就是用数据驱动创新的最佳案例，也对我们在企业经营中寻找新的价值增值点有着极强的借鉴意义，所以其被称为"回收逻辑"。那么，我们又要如何掌握回收逻辑的思考方式呢？下面我们来了解回收逻辑的三要素公式：

回收逻辑 = 二次增强要素 + 延展价值要素 + 生态价值要素

接下来，让我们围绕这3个要素逐一展开。

回收逻辑之二次增强要素

基于数据来驱动业务创新的第一个要素，被称为"二次增强要素"，说的就是可以通过运营产生的数据催生出一些能够让主营业务变得更加完善全面、让用户体验更好的新的产品和服务。所以，这里的重心是围绕当前的主营业务，目标是更好地服务当前已有的用户群体，关键词是"增强"，这也是回收逻辑中最基础、相对来说最容易实现的一个要素。而想要通过强化主营业务来提升现有用户的满意度，在你设计新产品和服务的时候，可以从以下3个价值维度来厘清思路：

1）帮助用户了解更多的信息；

2）帮助用户获得更好的使用体验；

3）帮助用户解决更多的问题。

第一个维度是帮助用户了解更多的信息。做比较和对比是我们人类思维过程中最常见的一种形式，所以无论是To C端的个人级产品，还是To B端的企业级服务软件，作为用户的我们都希望能以某种形式了解自己有没有最充分地享受到这个产品和服务带来的全部价值。还记得多年前风靡一时的"你的开机速度击败了全国××%的用户"吗？这可能是那些电脑安全软件能够通过数据帮你了解更多信息的最简单的应用了。它知道所有使用这个软件的用户的开机速度，所以一个简单的百分比，尽管从复杂度上和它提供的那一系列安全功能相比微不足道，但对一些用户来说能变成每次开机之时的一个小期待，这就是通过数据对产品进行二次增强的典型案例。

我们再来看一个更复杂的案例。谷歌的核心收入来自伴随搜索结果的广告投放，而每个在谷歌购买广告投放服务的企业或个人，虽然都知道这里的广告效益比投放在机场、车站、电视台等来得更好，可在很长一段时间里，用户通过谷歌访问各个商家网页的行为特征却一直是一个黑盒子。于是，谷歌以这些数据为灵感，在2005年推出了著名的免费网站分析服务"谷歌分析"（Google Analytics），不仅能够显示人们如何找到和浏览相应的网站，通过一系列诸如导流渠道、浏览量、独立访客数、跳转率、停留时间、购买转化率等指标来量化浏览行为，而且对于没有投放广告的页面，同样也只需要在页面上加入一段代码，就可以获得丰富、详尽的图表式报告。而有了这样的信息透明度做支撑，人们也就更加愿意来谷歌投放广告，从而对企业的主营业务实现助力和增强。这是通过数据帮助用户获取更多信息从而对产品和服务进行二次增强的经典案例，这也同样是为什么自从Google Analytics诞生以来，至今一直广受好评的核心原因。

　　第二个维度则是帮助用户在产品和服务的使用中获取更多的直接收益或更加优质的使用体验。这个逻辑比较清晰，我们不妨直接来看一个案例。我们曾经服务过一家物流企业，在日常运营中他们经常遇到的一个问题是用户填写的地址（无论是手写还是线上填写）都会有大量的冗余、缺失、错误及各种其他状况，因而需要物流企业员工花掉大量的时间确认和修改地址。例如，"××省××市××区A街道123号B街道456号××大厦"这种误导性冗余，需要员工花时间与用户核实；又例如，"××省××街道××号"这样的城市信息缺失同样会带来不少麻烦；又例如，城市或街道名称由于书写时有错别字、漏字导致系统完全无法判别；再例如，出现各种繁体字、特殊字符、中英混杂的状况。所有这些最终都会直接影响到收货用户的服务体验，因此这家企业思考：为什么不能添加一个地址自动纠错功能呢？

　　在这样的思路下，所有这些错误的地址信息，瞬间都变成了重要的样本数据，因为如此大量的历史样本几乎涵盖了绝大多数日常书写时会出现的问题，而在当初投递时对这些地址所做的修改自然也就变成了纠错逻辑数据，再搭配上自然语言处理的算法功能，以及我国主要城市的标准地址层级数据库，很快，一个有地址自主识别、地址自动纠错功能的新产品就诞生了，不仅能让物流企业员工提高工作效率，甚至还可以让寄件人把地址信息一股脑地粘贴进去，系统自动拆解匹配，这样一来极大地提升了运营效率，更是用户体验层面的飞跃。

第三个价值维度则是帮助原有的用户群体解决更多的问题。用户和产品或服务之间的接触往往是点状的，一个产品对应一个需求，但用户在购买之前和完成购买之后遇到的问题一定是多方面的，如果我们能通过数据手段，帮助原有用户群体以点带面地获得更多的服务，那么一定能对企业的主营业务带来助力和增强。

产品生命周期管理（Product Life-Cycle Management，PLM）说的是从人们对产品的需求开始，到产品被淘汰、报废的全部生命历程。如何能用最有效的方式和手段来满足用户需求，从而也为企业增加收入和降低成本。蔚来汽车的创始人李斌曾在一次分享会上，把一个"认知—互动—购买—使用—生活"的完整汽车服务体验做了一番拆解和论述，而如果把他的论述映射到蔚来汽车推出的一项项产品和服务中，从"认知"层面的用户邀请和回馈机制，到"互动"层面的移动App活动、会员机制和奖励体系，到"购买"层面的配置、价格、个性化，再到"使用"层面的性能、安全、换电、维修、二手车服务，最后到"生活"层面的车友社群，你会发现蔚来汽车和用户之间的互动本身成了支撑蔚来汽车开辟产品生命周期管理服务的数据基础，这就是为什么人们总说蔚来汽车的用户黏性高，因为其是在帮助原有的用户群体解决更多的问题。

回收逻辑之延展价值要素

如果说二次增强要素的重心是围绕当前的主营业务，目标是更好地服务当前已有的用户群体，关键词是"增强"的话，那么这里我们要讲解的延展价值要素，则是要把重心放到创造新的业务场景、捕捉新的用户群体上来。而既然关键词是"延展"，那么最直接的思路就是从自己企业的核心技术和核心市场里获得灵感，然后寻求破局和创新。实践胜于雄辩，接下来我们不妨一起来看两个案例。

第一个案例。2000年末的亚马逊，还只是一家市值60亿美元的、快速发展中的电子商务公司，虽然60亿美元听上去是一个不小的数字，但和今天它超过15 000亿美元的市值相比，它真的还处在成长的"幼年阶段"。那时的亚马逊正在面对自身电子商务业务的快速扩张，而业务量增大带来的一个直接能力需求就是要在内部构建起通用的存储系统、接口规范、数据库标准，进而形成一套每个人都可以无限制地访问的公共基础设施服务，这样即便电子商务业务继续出现暴发式增长，亚马逊也能从容应对。

尽管搭建这套公共基础设施的初衷是服务内部业务，但是当这些服务器、数据中心和计算资源建立之后，这立刻就变成了一个可以被延展的价值：为什么它不能成为一个所有企业都能使用的资源平台呢？如果开发者和创业者能够以虚拟货品的形式购买这些服务器的运作功能，他们就不用再花大量的金钱和精力再去购买硬件、搭服务器、建设自己的数据中心和内部软件程序了，一举两得，何乐而不为呢？这就是今天家喻户晓的亚马逊云计算设施（AWS）的雏形。尽管在当时一些最早负责AWS业务的亚马逊高管对云计算的市场潜力毫无概念，也在还没有完整市场论证的情况下就开始推动了市场计划，但这丝毫不能阻挡这个被低调推出的"副业"以惊人的速度成长。而这个独立业务单元到了2020年，仅凭一己之力就为亚马逊贡献了454亿美元的营收，并占据了超过30%的市场份额。单靠电子商务业务的独立成长，我们很难想象亚马逊能成为今天这般的万亿元级商业"怪兽"，而它成长到今天的体量，其中作为重要支柱之一的AWS，真的就是从当年核心业务数据延展出的新场景、新市场、新用户，更是新的巨大价值。

第二个案例。相信大家都使用过验证码，当你在网页端登录某账户时，为了保护账户安全，我们经常要输入一些数字、拼凑一些图片，甚至识别一些符号。事实上，验证码的出现可以追溯到20世纪末，当时为了避免一些黑客自动注册大量的邮件账号从而给用户发送垃圾邮件，电子邮箱服务商就已经开始在注册验证中尝试使用验证码了。这样一套技术看上去只是常规业务中对风险进行管理的一个小补丁，但事实究竟如何呢？

在2007年的时候，计算机科学家路易斯·冯·安（Luis von Ahn）基于验证码技术，创立了一个新品牌叫作"reCAPTCHA"，让验证码所呈现的单词图像都来自被数字化影印的旧书。而这些模糊不清甚至被污损的文字，虽然对计算机和人工智能来说是一个巨大的难题，但对人脑来说简单了许多。所以系统收集了人们在完成验证码识别时所做的输入，这些数据信息也自然而然地变成了图书数字化的珍贵素材，一举两得。全世界的网民平均每天都有数亿次的验证码输入，就算每次输入只要10秒，加在一起至少也有几十万个小时，让全世界的网民在享受验证码带来的安全价值的同时，交换自己这10秒的免费劳动力，凑在一起是一个巨大的样本量和成本节约。

这还不够，除了图书的文字照片，验证码能够呈现的还可以进一步扩展到任何需要人工帮助识别的内容上，从可以训练图像识别算法的模糊画作，到可以辅助地图街景的路牌号码识别，我们每一次的验证码输入，也都在为人类智慧和人工智能的训练添砖加瓦。所以，reCAPTCHA 后来被谷歌以千万美元级的价格收购也就不足为奇了，这也正是我们所说的延展价值要素的又一个活生生的案例。

回收逻辑之生态价值要素

被誉为"投资界的思想家"的彼得·蒂尔（Peter Thiel）曾说过这样一句话："在未来几十年里，最有价值的企业，一定是建立在为人们赋能的基础之上的。"所以，当你看到回收逻辑之生态价值要素中的"生态"二字时就会知道，这里我们要讲解的数据驱动的创新，一定比前面所介绍的格局都要再大一些。无论是现存业务的二次增强，还是技术能力的延展创新，我们在前面讲解的还都是如何让企业自己做好一件或多件事，而生态价值要素告诉我们的，则是要把自己的企业作为整个产业链中的一分子来思考问题的，如何协同上下游？如何赋能外部伙伴？如果能通过数据的驱动把这些问题回答好，就一定能构建出更大格局的生态价值。

你可能会说："现在说产业链有点儿好高骛远了吧？我们能把自己当下的市场耕耘好就不错了，想进入上下游的市场谈何容易！"事实上，从产业链生态视角来找机遇，并不代表要把产业链上下游整合通吃，而恰恰相反的是，那些更大的机会窗口，往往就在于如何与上下游的伙伴实现双向赋能。想想谷歌刚刚推出搜索引擎的时候，即便它的搜索速度再快、精度再高、内容再全，但作为一个商业公司，每每被投资人问到搜索引擎的商业化策略的时候，也曾一度不知所措，毕竟人们是不会愿意为了每一条搜索结果来付费的。而如果谷歌只是作为大型网站内嵌的搜索工具站在幕后的话，听上去也不是一个被资本市场看好的、有足够宽度的赛道（可参考第13章的内容）。但是，如果从产业链生态视角来思考问题呢？既然谷歌了解每一位搜索者此时此刻特定的搜寻诉求，那除了给他答案，是不是还可以给他展示那些与答案相关的其他产品和服务呢？一瞬间，谷歌从一个搜索结果的提供者，摇身一变成了搜索需求与潜在产品和服务的连接者。第一件事解决的是生产力问题，用优质且免费的搜索引擎吸引流量；而第二件事解决的则是生产关系问题，用搜索数据驱动的价值连接来产生收益，这么一变换视角，解决这个问题是不是就有点儿降维打击的感觉了？后面的事情大家也就都知道了，谷歌开启了商业化的飞轮，逐年暴发式地增长变得无法阻挡，广告业务在 2021 年全年营收达到了 2095 亿美元，而且占 Alphabet 集团全年 2567 亿美元总营收份额的 80% 以上。这就是我所说的，从产业链生态视角来看问题。

我们不妨再来看一个案例。我国的电商市场有不少巨头品牌，如淘宝网、天猫、京东、拼多多等。我国的电商平台不仅品类繁多、体量庞大，而且也是我们日常购物的主要渠道。这些电商平台每天的大量交易都会产生海量的数据，而且结合前面讲到的"二次增强要素"和"延展价值要素"，这些数据还能用来提升平台的服务质量和运营效率、为用户做精准的推送建议、构建用户与用户之间的社交等新功能和新服务，这些都是巨大的创新机会。但是，如果格局再大一些，从产业链生态视角来看问题呢？

我们都知道制造业企业要通过批量化生产的方式来降低边际生产成本，所以即便按订单进行生产，也不过是让用户从可配置的产品矩阵中进行选择和组合，而在企业中依旧能够尽可能地贴近批量化的生产。但随着消费需求的个性化与日俱增，所谓"多品种、小批量"的需求慢慢成为新常态，这对制造业企业来说本身就是一个巨大的挑战，而当"用户直连制造"（Customer-to-Manufacturer，C2M）概念出现的时候，如果每个人都想有一件和别人都不一样的T恤衫，那么T恤衫生产企业既不能一件一件地去生产，又无法洞察到用户整体需求的变化，这种从消费者到生产者的反向定制趋势，也就变成了产业链上的全新问题。

所以，电商平台同样也看到了这个问题，而平台上海量的、体现用户喜好的购买行为，不正是能够帮助制造业企业了解和洞察用户需求的行为吗？于是，淘宝网推出了"淘宝特价版"、京东推出了"京喜"、拼多多推出了"新品牌计划"，做的都是同一件事，那就是通过平台数据挖掘用户的集中需求，从订单信息提炼出用户需求，然后对接给工厂做沟通和生产，这样的供需匹配，从理论上来讲一定会更加高效和有的放矢。诚然，想要单单靠分析平台上的历史销售数据达到这样的理想效果，还存在很多的漏洞和技术问题；而且，即使能够很好地描述用户端的定制需求，制造企业也同样需要构建自己更加高效、完善、有柔性的供应链和生产运营体系。但不得不说的是，这样从产业链生态视角来看数据创新，一定会对应一个大格局的生态价值，而赋能那些长期只能帮助外资企业做贴牌的代工工厂能够用自己的品牌直接面对用户，也是一件利人利己的事情。正所谓"独行快，众行远"。

上个台阶

　　了解了这么多用数据驱动创新的场景和案例，我们希望能帮助企业找到新的业务增值点，但价值的产生一定要建立在合法、合理、互信、透明的基础上，这样才是可持续的。事实上，关于数据安全、数据隐私、数据滥用这些话题的重要性，再怎么强调都不为过，所以我想在最后来着重讲讲这件事情。

　　前段时间苹果公司发布了一个新广告，专讲自己保护隐私的功能，火了。说一个普通用户，随着手机的日常使用，被各种"角色"一路尾随，而且"角色"数量越来越多，审视、查询、推荐和骚扰无处不在，让人窒息，而最终只要一键选择隐私设置，这些"角色"瞬间灰飞烟灭。数据采集与隐私保护这件事情，在大数据价值的光环下及在很长一段时间里都是"必要但不出彩，严肃又不紧急"的存在，可当采集用户信息的手段越来越多、人们对自己隐私的关注度也越来越高的时候，隐私保护其实应该上升为任何一个产品和服务必备的核心价值。同样地，数据的存储、管理、安全和使用也有原则和规矩可循，国家制定的《中华人民共和国数据安全法》已经于2021年9月1日起正式施行。所以，虽然数据可以为企业在诸多维度带来直接或潜在的价值，但在数据安全与隐私保护这件事上，红线是永远存在的。我们的企业一定要去掉恶意引导消费者授权数据的不良习气；广大消费者也要提高警惕，凡是那些打着"大数据都是靠谱的，基于大数据做出的判断和推送都是最合理的"这样的旗号来采集数据的商家，我们都要小心提防。

划重点

1. 作为大数据时代带给每家企业的一份特殊的红利，数据本身不仅可以构建分析能力、提升运营水平，还可以在特定的场景下成为贡献新价值的生产要素。

2. 想用数据驱动创新、在企业经营中寻找新的价值增值点，可以通过回收逻辑的3个要素来厘清思路，它们分别是二次增强要素、延展价值要素和生态价值要素。

3. 虽然数据可以为企业在诸多维度带来直接或潜在的价值，但在数据安全与隐私保护这件事上，红线是永远存在的。隐私保护应该上升为任何一个产品和服务必备的核心价值。

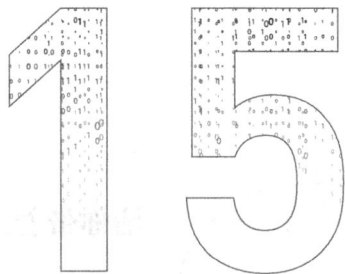

15

跳出舒适区：

押注新方向，你得坚
持庄家逻辑

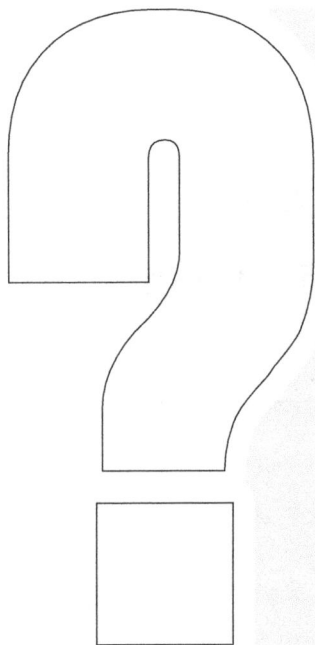

请你带着这些问题阅读：

▷ 选择了新方向并投入其中，便如创业般"九死一生"，如何让企业避免陷入困境？

▷ 新方向在企业发展过程中一定会伴随大量的失败和挫折，到底是否应该坚持下去？

▷ 想坚持长期主义只能依靠创始人的心性吗？

> 坚持第一天的心态，需要耐心尝试、接受失败、种下种子、保护树苗，并在看到客户开心时加倍下注。
>
> ——杰夫·贝索斯

作为"方向与未来"部分的收尾，同时也是全书的最后一章，我想和大家一起把时间轴拉长，来了解进入新方向、新赛道后的这场"无限游戏"。无论你的企业是行业巨头还是行业新锐，只要押注布局了新方向，就无一例外的都是一场从0到1的艰苦创业，也便会如领英创始人雷德·霍夫曼（Reid Hoffman）所说："创业就像你跳下悬崖，并在下落的过程中组装一架飞机。"这一定不是一场十拿九稳的比赛，但一定是充斥着大量选择、大量不确定性及大量风险的一场"无限游戏"，换句话说，能够长久地把这场游戏进行下去并获得收益，甚至比入局的早晚、阶段的输赢都重要得多。

话虽这么说，但在商业世界中，我们常常会被另一种心态所吸引：不安于平稳的成长，而希望追求激动人心的颠覆式创新和基因突变，如棋局中的"神来之笔"，一击制敌，"一统江湖"。想法固然很美好，追求妙手高招也是人之常情，甚至我们在书中讨论的不少数据思维逻辑，也都可以从很多维度帮助我们去做思考、做分析、做判断、做选择，能让我们在押注新方向的时候打出更漂亮的招式、拥有更大的胜算。但事实上，如果在这场游戏中没有稳定发挥的能力，只有追求一击致命的心态，那反而有可能陷入一个必然输光的趋势中无法自拔。

我们一直在说"无限游戏""持续进行""稳定发挥"，听上去很像最近非常时髦的一个词："长期主义"。但我们并不需要什么光鲜的概念，要解决的其实就一个问题："想要玩好这场'无限游戏'，怎样才算构建起了'稳定发挥'的能力呢？"光有盲目的投入是不行的，光靠意志力的坚持也是不够的，所以我们不妨来看两个案例，也许它们更能说明问题。

第一个案例是关于概率论中著名的"赌徒输光"定理的，它所描述的是对于一个 50% 赢率的赌博游戏，任何一个拥有有限赌本的赌徒只要长期赌下去，必然有一天会输光。假设赌徒的初始资金是 M（M＞0），每一局过后，他的资金会以 50-50 的概率，变成（M-1）或者（M+1），如果用 P（M）代表从 M 开始一直赌下去最后资金变为 0 的概率，那么我们就会得到下面的推理：

$$P（M）=0.5 \times P（M-1）+0.5 \times P（M+1）$$

$$\Rightarrow \ P（M）=[P（M-1）+P（M+1）] \div 2$$

$$\Rightarrow \ P（M+1）=2 \times P（M）-P（M-1）$$

通过归纳法，我们可以知道 P（M）= 1+ M×[P（1）- 1]，而因为 P（1）无限接近于1，所以 P（M）也会约等于100%，换句话说，久赌必输。

当然，这里绝不是要说创业和企业经营是赌博游戏，我自己作为一个创业者，也会第一个站出来反对这样的类比。在此，我们只是想借用它的数学逻辑，来帮助大家理解人们在面对一系列不确定性并做出一系列选择的过程中都有哪些导致崩盘的原因。这个模型结论看上去有些违背直觉，原因在于那个50%的赢率：这场游戏对于赌徒和庄家来说都是"公平"的，为什么最后总是赌徒输光呢？事实上，从本质上影响"赌徒输光"定理的因素是"50% 赢率 + 有限赌本"，因为这里其实假设了相对于个体赌徒所拥有的赌本 M，他所面对的庄家是拥有近乎无限资本的。所以，我们非但不能从赢率上占到便宜，而且还不能拥有足够的资本让自己留在游戏中，那在时间轴无限拉长的情况下，阶段的输赢都不算什么，最终一定是"久赌必输"的结局。

第二个案例，我们来看看围棋高手的对弈。1975年出生的韩国传奇棋手李昌镐，从1992年夺得第一个世界冠军起，到2007年共夺过得18个个人赛冠军、13次团体赛冠军，巅峰时期横扫中日韩三国的顶级高手，而且还实现了世界职业围棋比赛的"大满贯"。就是这样一位被称为"石佛"的一等一的高手，却因为很少在棋局中下出一子制胜的妙手，甚至常常下出看似吃亏乃至笨拙的棋来，而被外界认为他其实算不上围棋天才。

可事实真的是这样的吗？李昌镐有句名言："棋局如人生，下棋时，布局越华丽，就越容易遭到对手的攻击。在生活中，少犯错误的人，要比华而不实的人更容易成功。"他在被采访时曾说，自己每手棋从不追求妙手，而只追求51%的效率。这样做看似笨拙，但每一步都能稳稳当当地保证概率上的优势，在职业棋手比赛中，这样积累出的经验就是难以逾越的护城河。当然，说得容易，没有扎实的基本功及长距离作战的耐力和心性，是不可能自始至终保持极其冷静的头脑，从而把每一手棋的微弱优势积累成最终胜势的。

所以，这两个案例其实告诉了我们很多道理。在面对一系列的不确定性并需要同步做出一系列选择的过程中，首先要有能力"活"下来，把游戏长久地进行下去；其次要有胜率，想方设法地把每一个小回合的胜率提升到50%以上甚至更高；再次，则是对策略的坚持，既要靠耐力和心性，更要靠逻辑和能力。这3点其实是每个"庄家"都会遵循的玩法，也是为什么我把本章的数据思维逻辑称为"庄家逻辑"。下面我们来了解庄家逻辑的三要素公式：

庄家逻辑 = 壁垒要素 + "10X"要素 + 策略要素

接下来，让我们围绕这3个要素逐一展开。

庄家逻辑之壁垒要素

"赌徒输光"定理告诉我们，有限赌本的赌徒几乎一定干不过"财大气粗"的庄家，也正是基于这个定理，很多赌场都会设置最高投注上限，不仅是为了保护个体玩家的资金安全，同时也是为庄家自己设置的一道赌本安全屏障，所以，资源的储备量格外重要。同样地，想要在商业新赛道的"无限游戏"中有所作为，首先也要有足够的资源，能够活得长久才能让自己有能力扮演庄家的角色。

当然，赌徒模型这个场景中的资源就是金钱，但商业场景中的资源则可以多种多样，除资本的力量之外，技术壁垒、人才储备、用户黏性等也都是必备资源。《孙子兵法》曰："昔之善战者，先为不可胜，以待敌之可胜。"说的就是要首先创造自己不可战胜敌人的条件，然后等待可以战胜敌人的机会，这就是我们这里要讲解的庄家逻辑的壁垒要素。

要说把壁垒要素用到极致的案例，非我国晚清时期著名的政治家曾国藩莫属了。他一手创立的湘军，在与太平天国的战斗中所遵循的最核心的战术，就是六个字——结硬寨、打呆仗。他自己也曾经总结说："十余年来但知结硬寨、打呆仗，从未用一奇谋、施一方略制敌于意计之外。"看上去也许没什么特殊的地方，但这种作战方式，做得扎实就已经率先让自己的军队立于不败之地了。张宏杰先生在他的《曾国藩传》一书中曾对这个战术做过详细的论述，我们来仔细看一下。

所谓"结硬寨"，就是扎好营地。太平军在与清军作战时，就非常喜欢极速突袭、避实击虚，善于运用灵活机动的策略。而且据说湘军（晚清时期对湖南地方军队的称呼）在刚刚成军出战之时，曾经在岳州（今岳阳）受到太平军的突然袭击，结果因为其营地扎得不牢，损失惨重，所以自此之后，湘军行军打仗，在扎营上花的时间精力特别多。具体来说，湘军每天用一半的时间来行军，用另一半的时间来扎营。例如，军队每天花上4个小时赶路，之后就原地停下，再花上4个小时挖沟修墙，而且围绕营地要挖出两道壕沟，再沿着这两道壕沟筑起两道高墙，把自己保护起来，连壕沟的深度、宽度甚至营墙的高度、厚度都有明确的标准和要求。修好营地之后，到了晚上再把全军官兵分成三班，轮流站岗。所以，虽然湘军的行军速度如蜗牛爬行般缓慢，笨拙的样子也被他人嘲笑，但既然战场不容许犯错，那就先让军队生存下来。

光有坚固的营盘显然还不够，下一步就是要"打呆仗"。湘军每攻打一座城市，还是用上面扎营的方法，围着城市挖两道壕沟，里面的壕沟可以防止城里的人突围，外面的壕沟则可以防止外来的敌方援军接近城墙，等到城里的人被围困时间长了，耗尽了吃穿，自然也就乱了阵脚，失去了主动性。这种"挖沟攻城法"虽然时间成本很高，工程量也很大，攻打一个城市需要两三年，而且攻打下来了之后整个城墙外的地形和地貌都与原来的不一样了，但是对付太平军善于迂回、指东打西策略的高效方法，甚至还能以城市包围圈为基础搞围城打援，所以湘军在攻打吉安、九江、安庆，包括最后的天京（今南京）时，都是以这套战法为核心来实现的。

古人的智慧，总能为我们的企业经营和商业实践带来指导，进入新赛道的这场游戏，充满不确定性，甚至很多不确定性都如战场般颠覆性的风险。如果不想让自己成为一位输光的"赌徒"，那么为自己的业务时刻补充优势资源就变成了当务之急。还是那句话，对赛道的耕耘，不在于一时输赢，也无关乎进场早晚，活得长久才是价值输出的第一要务。这让我想起了那个著名的段子，在2004年伯克希尔·哈撒韦的年会上，有一位年轻的股东问巴菲特老先生怎样才能取得人生成功。老先生回答完之后，他的老搭档查理·芒格（Charles Munger）评论道："还有别吸毒，别乱穿马路，避免染上艾滋病。"

有的时候，最朴素的逻辑，也正是我们最坚实的壁垒。

庄家逻辑之"10X"要素

如果说壁垒要素是为了让我们在新赛道中能够有更长的生命线，那么这里我们要讲解的"10X"要素，则是要把重心放到如何提升每一步的优势、找到"李昌镐每一手棋的51%效率"上来。事实上，从赢得市场到精细运营，再从文化建设到选择赛道，我们贯穿全书的十余条数据思维的逻辑，都能帮助企业从日常运营的各个维度提升效能，但想要在这场"无限游戏"中的每一步构建起稳定的概率优势，可能还需要从目标设定的角度进一步把效能扩大，把能力带上一个新台阶，这就是所谓庄家逻辑的"10X"要素。

"10X"在这里是 10 倍的意思，说的是我们应该在企业经营和日常工作中经常思考：究竟应该怎样做才能够取得 10 倍于当下水平的成果？而不是只关注如何把事情改良10%。这最早是由谷歌在企业发展中所形成的创新原则，我在谷歌工作的时候对这个原则的价值深有体会，而在回国创业的过程中经常应用这个思维逻辑，受益匪浅。事实上，用"10X"要素来思考，有以下 3 个方面的价值：

1）帮助你明确愿景；
2）帮助你找到瓶颈，调整动作；
3）帮助你提升概率优势。

先看第一个方面，帮助你明确愿景。我们总喜欢看到业务的成长，但当一个个 ×× 元的营业额、××% 的增长率、×× 名的用户数量摆在我们面前的时候，即使数字看上去十分喜人，却也只有映射到那个长期的、"10X"的愿景目标上去，才能知道该不该为这些成长结果振臂高呼。我来举个例子你就明白了。当谷歌在 2006 年 11 月以 16.5 亿美元收购刚刚成立了 21 个月的 YouTube 的时候，有些人看不懂，有些人觉得贵，有些人虽然知道它在高速发展，但也质疑它是否会成为颠覆性的力量。所以在收购 6 年之后，当 YouTube 已经成长为全球最大的视频平台之一和市场领导者，全球每天的用户观看时间超过 1 亿小时的时候，似乎所有人都觉得，这已经是它的巅峰荣耀时刻了，如此庞大的用户基础和产品知名度，哪怕每年只是保持十几个百分点的增速，也能确保自己的"龙头"地位不受动摇。但是如果用"10X"要素来思考呢？

2012年YouTube的领导团队，直接设定了每天10亿小时的观看时间目标，此言一出，震惊四方，且不说要用多久才能达到10亿小时的观看时间，就连很多团队成员都不相信这是一个合理且可能实现的目标。但事实上，尽管10亿小时这个数字听起来如天方夜谭，可在当时这也只是全球电视观看时间的20%左右，而YouTube的愿景既然是用在线视频取代网络电视，这个目标就应该且必须是合理的。所以，这样一个远大、明确且可衡量的目标，成了激励整个团队、让大家明确愿景的重要基础，也带来了巨大的能效提升：10亿小时的目标最开始设定为4年实现，事实上只用了3年就被团队实现了。而成长至今，YouTube也保持了高速的发展势头，成了一个拥有超过20亿用户、年营收超过280亿美元的核心业务板块。（2021年数据）

用"10X"要素思考的第二个价值，则是帮助你找到瓶颈，调整动作。且不说上面YouTube这种复杂的业务发展问题，我们只需要做一个简单的头脑游戏就能明白：试想一下，假设你是一个正在撰写论文的学生，如果把论文的目标从"顺利毕业"变成"发表到顶级期刊"，那么，思考的方式是不是瞬间就会发生变化？这一定不只是一个要更加勤奋、要加班加点的变化，因为一旦目标变得高远（当然也必须明确），就会更加容易看清路途上的瓶颈，从选题到技术，从格式要求到创新水平，甚至从语言到文字，都对这篇论文提出了新要求，那么哪些是当务之急的瓶颈，哪些就是下一步工作的优先级。所以，用"10X"思考，虽然目标看上去是一个颠覆式的结果，过程却不是为了追求一步到位的颠覆式动作，而是能帮助我们把目标倒推、拆解，从而在每一步的过程中实现创新突破。

当埃隆·马斯克（Elon Musk）创建SpaceX进入商业载人航天赛道的时候，想要造出可重复使用的航天器，甚至让同一个火箭利用100次以上。这虽然听上去解决的只是类似于"如何避免把只飞过一趟航班的飞机扔掉"这样的基础性问题，但对于航天领域来说，这的确是一个"10X"的思维和目标。而所谓商业载人航天就是让载人航天这样的国家级项目，变成官方发包、发射商承包的商业模式，这在历史上也还是头一回。所以，沿着这个目标回看和拆解，就意味着一切都要从头开始，大到航天器的设计，小到几十美元的舱门门闩选型，都要从效率、成本和创新的每个角度做出颠覆性的变革，也正是基于这些创新的积累，才有了到今天SpaceX主力型号"猎鹰九号"（Falcon 9）已经成功发射超过140次、发射成功率达到很多航天大国水平的出色成绩，而且这140多次发射里也已经有超过80次发射升空的是回收过的"二手"火箭，成绩斐然。（SpaceX官方网站数据，截至2022年3月）

而用"10X"要素思考的第三个价值，则是帮助你提升概率优势。中国有句古话，叫"取法乎上，仅得乎中"，说的就是即便取上等标准为目标，往往也就只能得到中等标准的成果，所以想要结果满意，就得放宽视野，把目标定高。的确，如果不曾想过登上月球，那人类就永远上不去；如果目标就停留在辅助驾驶系统，那我们也就永远造不出无人驾驶汽车。"投资界的思想家"彼得·蒂尔（Peter Thiel）曾说，"风险投资的唯一原则，绝不是用雨露均沾的方式提高找到优质的标的，而是要只投资那些有潜力回报整个基金价值的公司。"所以，商业市场的规律同样如此，有句话是这样说的："梦想还是要有的，万一实现了呢？"我想给它再补充一个下半句："就算没实现，也会比当初没有梦想要走得更远。"

庄家逻辑之策略要素

还以李昌镐的棋局为例，除每一手棋都追求的51%优势效率之外，更重要的还在于对这些优势效率的积累，因为既然我们无法确保在不确定环境中每一步的结果都是好结果，那么我们能做的就是像庄家一样，用一以贯之的策略坚定地把每一步获得的优势积累下来，避免自己成为那位注定输光的"赌徒"。我在本章开篇所引用的贝索斯（Jeff Bezos）的那句话就是很好的例子，他说："坚持第一天的心态，需要耐心尝试、接受失败、种下种子、保护树苗，并在看到客户开心时加倍下注。"所谓一以贯之并积累优势，同样是需要策略的，这就是庄家逻辑的策略要素。

把握策略要素，有两个核心：一是顺势而为，及时调整；二是在逆境中坚守，不能因噎废食。两个看起来完全矛盾的核心，却真的是一个完整的矛盾统一体，因为它们虽然适用范围不相同，可两者的目标都是高度一致的，那就是如何获得"客户的心"。关于第一点，我们在第5章的"迭代逻辑"里已经做了详细的阐述，以客户需求为中心，根据信息价值进行"小步快跑"和"快速迭代"，所以这里就不再赘述；而关于第二点，则是这里想要着重讲一讲的，因为在逆境中坚守自己的策略，可不是一件容易的事情。

大家如果常看NBA比赛，就会经常能听到教练在暂停时的战术布置，尤其对于那些正在落后或被对方打出一个小高潮时被迫叫出的暂停，我会对教练到底在说些什么及如何做出相应的调整非常感兴趣。然而一段时间的观察下来，我发现出乎意料的是布置全新的应对战术所占的比例远没有我想象之中的高，而非常常见的一种战术布置反而是："虽然我们在失分或失势，但我们的既定策略没有问题，大家对策略的贯彻也成功地实现了对关键人的限制，所以只是这段时间我们没投进或对方手感不错，但接下来只要继续坚定既定策略，其他不用担心。"相信我，这可不只出自那些没有战术应对、只能无奈束手就擒的"菜鸟"教练，当战术"大师"也说出这些话的时候，就连坐在电视机前的我，都能感受到球员士气的提升。

所以，贯彻庄家逻辑的最后一个要素，关键在于判断当前局势。只要我们的资源要素能够保证我们不出局、"10X"要素能够保证每一步的优势依旧存在、客户价值依旧清晰，那么一时的挫折、失败、被动和低落，都不应该影响我们对策略的信心和坚持。我们需要耐力、需要心性，更需要冷静的头脑，这就是庄家逻辑中的策略要素。

上个台阶

用庄家逻辑的思维方式应对新赛道，说到底，是一种能够把时间周期拉长，用"无限游戏"的思维来建立优势的方法。而事实上，把事物都放到更长的时间轴上来看，还能为我们带来两个额外的新能力：保持理性的乐观，以及看清更大的机会。

我记得在新冠肺炎疫情刚刚发生的时候，有很多悲观的声音都在说，我们要经历一场全球范围内的大萧条，就像20世纪30年代的美国一样。但我在当时就曾写过几篇文章，内容是：要谈衰退和萧条，不如先把一切放到以几十年、上百年为单位的比例尺下来看，我们所经历的可能只是某个经济周期上/下行阶段里的一次波动，虽然这场波动涉及全球，也很剧烈。美国经济在新冠肺炎疫情开始前的165年里有过33次衰退，但大萧条有且仅有过一次，如果大家还在努力尝试把新冠肺炎疫情和2008年的金融危机做对比的话，那八成这只是又一次的衰退"而已"，因为大萧条一定得是经济根基出现了颠覆性的问题，有全方位的失控，有系统性的崩溃，再加上十年八年缓不过来的力度，所以如此轻易地就对世界经济充满悲观和恐慌，真的太早了。而事实上，这两年来中国经济和世界经济在新冠肺炎疫情的冲击下所体现出的强大韧性，不仅证明了我当时所言不虚，也在说明着一件很重要的事：越是在紧要关头，越需要把时间轴拉长，把迷雾般的恐慌情绪从诸多分析中剥离出来，毕竟，市场上的乐观主义情绪真的是一不留神就会消失殆尽的。

　　而拉长时间轴还能帮助我们看清更大的机会。我们讲过选择赛道时要关注宽度、长度和坡度，但只有拉长时间轴，把自己放到历史的长河中去审视，才能窥见大势所趋。正如本书希望为企业管理者插上数据思维的翅膀，但也只有在这个数据驱动的时代下、在这片数字经济建设如火如荼的土地上、在这个可以让我们投身并见证中国成为世界第一大经济体的历史机遇中，才能真正展翅翱翔。这是属于我们的历史机遇，我们也正在一起创造未来。

划重点

1. 只要押注布局了新方向，就无一例外的都是一场从0到1的艰苦创业，也是充斥着大量选择、大量不确定性及大量风险的一场"无限游戏"。能够长久地把这场游戏进行下去并获得收益，甚至比入局的早晚、阶段的输赢都重要得多。

2. 在面对一系列的不确定性并需要同步做出一系列选择的过程中，首先要有能力活下来，其次要有胜率，最后还要有对策略的坚持，这就是庄家逻辑。庄家逻辑的3个要素分别是壁垒要素、"10X"要素和策略要素。

3. 把事物都放到更长的时间轴上来看，还能为我们带来两个额外的新能力：保持理性的乐观，以及看清更大的机会。